近代散佚戲曲文獻集成·理論研究編

9

總主編　黃天驥

中州音韻

中原音韻講疏

佚名　汪經昌　著

山西人民出版社
三晉出版社

圖書在版編目(CIP)數據

中州音韻·中原音韻講疏 / 佚名，汪經昌著. —太原：山西人民出版社，2018.3
(近代散佚戲曲文獻集成 / 黄天驥主編)
ISBN 978-7-203-10281-6

Ⅰ. ①中… Ⅱ. ①佚… ②汪… Ⅲ. ①漢語－近古音－研究 ②《中州音韻》－研究③《中原音韻》－研究 Ⅳ. ①H114.2

中國版本圖書館CIP數據核字(2018)第017733號

中州音韻·中原音韻講疏

主　　編　黄天驥
著　　者　佚　名　　汪經昌
責任編輯　張志杰
復　　審　劉小玲
終　　審　張文穎
裝幀設計　謝　成

出 版 者　山西出版傳媒集團·山西人民出版社　三晉出版社
地　　址　太原市建設南路21號
郵　　編　030012
發行營銷　0351－4922220　4955996　4956039
　　　　　0351－4922127(傳真)
天貓官網　http://sxrmcbs.tmall.com　0351－4922159(電話)
E－mail　sxskcb@163.com　發行部
　　　　　sxskcb@126.com　總編室
網　　址　www.sxskcb.com

經 銷 者　山西出版傳媒集團·山西人民出版社
承 印 廠　山西出版傳媒集團·山西新華印業有限公司

開　　本　787mm×1092mm　1/16
印　　張　23.25
字　　數　89千字
版　　次　2018年3月　第一版
印　　次　2018年3月　第一次印刷
書　　號　ISBN 978-7-203-10281-6
定　　價　116.00圓

《近代散佚戲曲文獻集成》編委會

總主編　黄天驥

編　委　董上德　張繼紅　許石林　陳志勇

總策劃　越衆文化傳播·南兆旭

出版工作委員會

主　任　胡彦威

執行主任　張繼紅　姚　軍

副主任　梁晉華　莫曉東

監　製　徐　勝

委　員　周　威　劉小玲　徐　勝　顔海琴　何　瀅　林旭娜
張志杰　翟麗娟　王新斐　崔人杰　郭向南　史美珍
魏　紅　吉　昊　薛勇强　解　瑞　秦艷蘭　張仲偉
任俊芳

設計總監　李尚斌

設計製作　吴圳龍　莊生府　王秀玲

出版説明

一、近代散佚戲曲文獻集成鈎沉、梳理、選取十九世紀末到二十世紀中葉，散佚而獨具特色、頗具研究價値的戲曲文獻進行整理出版，以填補學術界在近代戲曲史史料方面的缺失。

二、叢書主要採取影印的方式整理出版，爲便於學界研究之需要，以忠實於原稿爲宗旨，對排版方式、原書内容的缺損、錯譌等均不做修復，在不影響内容的情況下僅對頁面的污損做了處理。

三、叢書作爲影印文獻，序言、附注、插頁皆予以保留，最大限度地保持原本原貌：單黑印刷的保持單黑色，彩色印刷的以原來的色彩進行印刷。

四、叢書分爲「理論研究編」「戲曲史料編」「名家文獻編」「曲譜和唱本編」四大編七十册。

五、「理論研究編」主要選取了近代重要的戲曲研究名家絶版多年的重要著作。其中，或有部分重要經典著作後期有再版，如王國維先生的宋元戲曲考，我們選擇早期稀見之「正音學會校本」版，原貌出版。

六、「戲曲史料編」則對史材、檔案、傳記等史料進行了整理。「名家文獻編」對著名戲曲表演藝術家的文獻進行了集中整理，包括海外版史料、報紙雜誌或期刊的專刊、各種個人專集等。這些史料或散於海外、或沉於故紙堆，因極富時代特色且具有原真性，又長期遊離於主流學術研究視野之外，因而其研究價值較爲突出。爲保持文獻原真性，對於期刊圖書廣告頁予以保留。

七、「曲譜和唱本編」主要對戲曲的曲譜和唱本進行了整理。曲譜和唱本是戲曲藝術傳承、演變、發展的主要載體之一，近代的曲譜和唱本很多是當時演出的戲本，故不少史料具有民間性，對於戲目發展的原生狀態具有很高的研究價值，如小唱本，因非常零散，多年來幾乎未見整理出版。

八、因叢書主要採用影印的方式，故海外出版的外文版未進行翻譯，維持海外原版之狀態，適合較高層次的讀者閱讀、研究。

九、叢書中，因原版的零散或者底本的其他狀況不便於影印的戲曲藝術散論叢編採取了重新錄入的方式進行排版，由本項目組進行了點校、審讀。

十、對於篇幅較小的原本書目，叢書進行了合編出版；對於合編册數爲兩册的，保持了原始書名；對於合編册數爲三册以上的，則按整理的類別，重新編訂書名。

十一、所選版本的頁碼標註，在保持原始頁碼的同時，重新編排了新頁碼；對於兩册以上合册出版的書目，做了目錄，便於讀者查找閱讀。

十二、爲保證叢書體例一致，序言、出版説明、版權頁等附文，皆採用了中文繁體編排。

鑒於編者水平有限，有不當之處，敬請方家指正，又因出版時間所限，定有諸多不足之處，亦請廣大讀者海涵。

總序一

黃天驥

戲曲，是我國在世界藝壇上獨樹一幟的綜合性藝術。如果從金元時期戲曲趨於成熟的階段算起，歷經明清兩代，到晚清民國時期，它已經走過了近七百年的道路，發揮過重大的社會影響。

戲曲，包括雜劇、傳奇乃至花部小戲等體裁，在不同的歷史時期，其內容、形式，不斷地變化融合，也經歷過好幾個不同的發展階段。進入晚清民國時期，隨着我國歷史和社會出現翻天覆地的變化，戲曲進入了非常獨特的歷史時期。對於中國文化和研究中國戲曲史而言，這是具有特別意義並且非常值得注意的歷史時期。

我國戲曲，元代以雜劇爲主流，明清兩代，劇壇以傳奇爲主，也兼演雜劇。但到了清代乾隆年間，朝廷經常在爲皇帝、皇太后祝壽的全國性節日，引進各種地方戲班，進入北京會演。以此爲契機，徽班以其精彩的表演和它易於爲群衆接受的特質，在京城落地生根，影響日益擴大。它融合了其他唱腔，形成了後來被稱爲「京劇」的新劇種。這時候，各處的地方戲，風起雲湧。至於曾在舞臺上流行的雜劇、傳奇，即使在某些方面結合時代的潮流，有所革新，但終究敵不過以徽班爲代表的清新、活躍、更接地氣的地方戲。愈到後來，屬於「雅部」的雜劇、傳奇，漸漸無人問津，走向衰落。從此，「花部」終於戰勝了「雅部」，中國的劇壇，經歷了一次重大的變化。

從晚清到民國，隨着政治經濟的變革，西方各種思潮包括文藝思潮，也陸續湧入古老的天朝。我國戲曲領域，與中國人民反帝反封建的鬥争相聯繫，與資産階級政治運動相適應，也出現了深刻的改良活動。以京劇爲例，劇壇上呈現出與元明清三代不同的面貌和特點。

從金元以至明清，我國戲曲經過長期的創造、沉澱，在劇本創作上，特别在唱、做、念、打等表演技巧方面，都在不斷地完善。乾嘉以來，商業興旺，中心城市如北京、上海一帶，市場繁榮，觀衆日多，審美要求也日益提高。加以宫廷的大力提倡，各個地方戲種有了交流借鑒、互相影響、共同提高的機會。以京劇爲代表的「花部」，特别在表演藝術方面，日臻成熟，達到了中國戲曲史上的高峰。那時候，戲班衆多，名角迭出。咸豐、道光年間，京師出現以演老生見長的程長庚、余三勝、張二奎。這三傑，被稱爲「三鼎甲」。後來又出現譚鑫培、汪桂芬、孫菊仙三位傑出的老生演員，被稱爲「後三鼎甲」。他們的做派唱工，或如黄鐘大吕，慷慨沉雄；或如雁嘯長空，悲涼蒼勁。他們風格各異，而其共同之點：品行端正，敬業不懈，嚴肅地對待藝術創造。因此，他們被藝術界公認爲偶像，也受到廣大觀衆的尊敬。

到民國初年，觀衆喜愛老生的熱忱，逐漸轉换爲對旦角的追捧。當時京劇湧現出四大男旦。梅蘭芳以俊美的容姿，唱、做、念、打已達爐火純青的表演技藝，讓觀衆如癡如醉。程硯秋擅演悲劇，以青衣應工，幽韻哀情，如泣如訴，唱到劇中的悽楚之處，讓觀者感同身受。荀慧生則表情多變，做派風流活潑，有第一花旦的美譽。尚小雲嗓音圓亮高朗，在串演女性角色中透露着英勃之氣，他尤擅演刀馬旦，在旦角中自成一派。那時候，「梅、程、荀、尚」，紅透了中國劇壇。

可以説，清末民初，是中國戲曲發展的高潮時期，尤其是在表演技巧方面，更是發展到藝術的頂峰。這一點，和戲曲在繼承傳統的基礎上，在新舊交替的時代，審美觀念出現變化，演員們在劇本内容和演技方面，爲適應社會的需要，積極地醖釀有所變化、有所革新有關。當舊的政治體制被推翻，崇尚個性的潮流湧入劇壇，「四大名旦」們，也就不斷刷新劇目，即使演出傳統舊劇，也注意作適當的改造，注意程式的創新，甚至懂得追求人物形象的個性化。於是，整個清末和民國的劇壇，出現了讓人耳目一新的局面。

在這階段，藝壇上有一個現象，很值得我們注意，這就是圍遶着名角，出現了一批在文學上或在藝術上很有造詣的追隨者。他們不是戲迷或跟班，而是對名角有着很大影響力的藝術顧問或參謀，在戲班中，他們在很大程度上起着導演、編劇兼評論家的作用。像齊如山、羅癭公、陳墨香等人，他們文化根基深厚，社會經驗豐富，對新思潮有所瞭解。他們的加入，對清末民初戲曲走向高潮，産生了積極的作用。

由於有一批高水平的文化人，經常與名角們長期深入地接觸，瞭解名角們的生活，熟識演員們藝術創造的過程，也和當時的優伶界一起沉浮。他們用文字把舞臺上下種種見聞記錄下來，從不同的角度描述當時劇壇發展的足跡，這就給後人研究清末民初的劇壇，留下了極有價值的文獻。本叢書的「戲曲史料編」，便是力圖完整地搜集這一時期劇壇有關史料，方便研究者對當時劇壇有詳盡的認識，也爲人們進一步深入研究提供綫索。

進入清中葉以後，我國戲曲表演，實際上已推行「演員中心制」，無論是京滬劇壇乃至各處地方戲，從戲班體制乃至舞臺演出，均以演員爲中心。越到清末民初，名角的作用越是壓倒一切。這樣的現象，在我國戲曲史上並不多見，也可以視爲戲曲表演發展到最高階段所呈現的獨特面貌。

由於演員表演的成就成了這一時期戲曲發展的標識，爲此，本叢書編選「名家文獻編」，輯錄了梅蘭芳、譚鑫培、周信芳等十一位藝術大師的文獻，其中包括演出報告、影集、雜誌、臨時特刊等文獻，以及社會各界對他們的述評和研究文章等等。通過此編，讀者既可以認識、學習一個個名角各自的表演特色、各自的藝術成就，也可以從總體上，綜合觀察這一歷史時期戲曲發展的趨向。

這套叢書，還列有「理論研究編」。

本來，從金元時代開始，戲曲已趨成熟，成爲人民大衆喜聞樂見的藝術形式，許多文人雅士，也參與到劇本的創作中，寫出了不少膾炙人口的名劇，被視爲「驅梨園領袖，總編修師首，捻雜劇班頭」的關漢卿，甚至還粉墨登場。但是，在戲曲理論方面，卻鮮有人認真思考。除了明末清初的李笠翁，寫了閒情偶寄，算是比較全面地總結戲曲劇本的創作和表演經驗的規律以外，幾百年來，即使是關心戲曲的名家，也衹作些蜻蜓點水式的評點，或者在書信中和朋友們發表些零星的想法，至多是在劇本的序跋中，涉及對劇本創作的思考。可以說，從古以來，我們傳統長於形象思維卻疏於邏輯思維的慣性，使古代戲劇家對戲曲缺乏系統性、學理性和歷史性的思考。

近代以來，國運日衰。隨着西方列强在軍事、經濟、文化方面的進入，我國不少精英人物，不得不考慮國家向何處去的問題。思想界和學術界的許多學者，往往在不同程度上，和西方學術有所接觸，直接或間接受到西方文化的影響，思維方式也有所改變。同時，他們也看到，與城市商業繁榮的局面相聯繫，包括戲曲在内的通俗文化，日益受到廣大群衆的歡迎，特別是戲曲的表演藝術突飛猛進，其影響甚至超出了國門。這種種因素，讓許多有識之士，再不把戲曲視爲不登大雅之堂的「小道」。這一來，戲曲理論的研究，逐漸爲學術界人士所關注。從王國維開始，學者們已把戲曲研究作爲一門專業性的學問。進入二十世紀的四五十年代，戲曲理論研究更成爲顯學。

當然，在清末民初，戲曲理論研究剛剛起步，但也取得了令人矚目的成果。後來，在抗日戰争期間，在烽火連天、顛沛流離的日子裏，有些學者還孜孜不倦地進行戲曲研究，努力從理論上探索中華民族文化瑰寶的奥妙。有些學者追根溯源，探索戲曲發生發展的過程；有些則研究戲曲在不同時代的表現和特點，或者研究我國戲曲的形態；有人廣泛搜集和考索劇本劇目；有人致力於曲韻的研究；有人還注意對地方戲的論述，等等。可以說，清末以及民國時期的戲曲理論研究者，完全打破了傳統曲學評點餖飣支離破碎的方式，他們從不同角度，對戲曲藝術作系統性的研究，邁出了新的一步。即使有些地方，還待深入探討，但已爲後來的研究者打下了基礎。「篳路藍縷，以啟山林」，在我國戲曲研究學術史上，這一時期的學者功不可沒。其中，有些論著，具有經典性，直到今天，依然是戲曲理論研究者必讀的文獻。爲此，本叢書設置「理論研究編」，努力搜集讀者不易看到甚至已經絶版的論著，意在既保存珍稀資料，又爲學者們開展對這一階段劇壇的研究，提供更全面的幫助。

經過多年的努力，近代散佚戲曲文獻集成叢書終於面世。這套叢書的出版，填補了近代戲曲學術史的空白，對推進今天戲曲創作、表演和理論研究，也很有價值。特推介，是爲序。

二〇一五年六月十二日於中山大學中文堂

「理論研究編」序／

董上德

進入二十一世紀之後，在人們的視野中，晚清民國是一個較爲特殊的歷史階段，説「近」不近，説「遠」不遠，很多東西，如昔日雲煙，漸漸淡出，甚至杳無蹤影；有些東西，卻如陳年老酒，香醇如故，至今值得珍惜。

就以晚清民國的戲曲研究而言，在當時算是一門很「新」的學問；而在今天看來，它既屬於藝術學的範疇，也進入文學的疆域，還旁涉其他相關的學科，如音韻學、方言學、民俗學乃至當今正在盛行的「非遺學」，等等，可謂門庭廣大，五花八門。戲曲研究的演進軌跡是一件頗堪玩味的事情。

説起來很有意思，晚清民國之前，可没有人會將研究戲曲看作是學問的。在以「經學」爲正宗的古代學問體系裏，戲曲作爲古代社會的「亞文化」，不可能進入主流意識形態。與所謂的「大傳統」相對而言，戲曲屬於「小傳統」，不登大雅之堂，研究戲曲的成果，似乎不配稱爲學問。故而，雖然自元代以來出現過錄鬼簿 中原音韻 太和正音譜 曲律 閒情偶寄等今天可稱之爲「戲曲學」的著作，可它們不會被封建時代的官方認可爲著述，像四庫全書這類官修叢書也不會將它們收錄進去。

到了晚清民國時期，情形出現重大轉折，有兩種情形值得關注：其一，西方的民俗學、民間文學研究（如德國格林兄弟對童話的收集、整理與研究等已開一代學術風氣）借由日本學界的模仿、消化而漸漸爲東方社會所知，善於及時跟蹤世界學術動態的日本學者，可謂得風氣之先，其民俗學及民間文學視野催生出一些啓發人心、值得借鑒的研究成果。曾經受到中國儒家文化影響的日本學界，自明治維新以來不再囿於儒學，而呈現出「開新」的進境，這會影響到逐漸與日本學界多有交往的中國學人；受到新的學術風氣的影響，中國學人不甘人後，貼合中國的實際情形，翻了一個筋斗，躍出經學的掌心，做出了古人没有做出來的新學問。其二，更爲重要的是，隨着具有劃時代意義的「五四」新文化運動的興起，中國學人有了自己的批判意識，重新認知古代的文化遺産，不再只盯住「大傳統」，而將「小傳統」裏的戲曲、小説、民間説唱等納入研究視野，這一批過去的「地攤貨」終於正式地入了知識分子的法眼，對它們的研究也逐漸可以見諸學術刊物或報紙副刊，甚至一些大學破天荒地開出戲曲研究、小説研究的課程，可以説，中國學術的「大環境」也發生了前所未有的改變。

在巨大的學術轉型過程中，某些人物、某些著作起到了十分重要的垂範作用。如著名學者王國維先生，他於一九一三年在日本完成了有史以來第一部戲曲史專著宋元戲曲史的初稿，標誌着戲曲研究正式成爲一門建構於學理基礎之上的學問。他在此書的序言裏稱：「非吾輩才力過於古人，實以古人未嘗爲此學故也。」此書的問世，可以看作是晚清以來、「五四」之前的一個學術事件，是近代中國學術變遷鏈條上不可忽視的一環。身處日本，做的是「中國學問」，而且是「新」的學問，王國維先生因之成爲晚清民國一位具有標桿意義的人物，其宋元戲曲史成爲現代戲曲學的開山之作。其後，「五四」新文化運動的領袖人物胡適、魯迅，還有受其影響的顧頡剛、鄭振鐸等人，他們對戲曲、小説這類「俗文學」的一系列研究成果，不管是出之以專著，還是出之以論文、雜文等形式，都一新國人的耳目，匯聚成一股啓人心智、重估民間文化價值的學術風氣。

不過，戲曲這一門學問，要真正建構起來可不簡單，並非若干位著名學者所能够「畢其功於一役」的，這還有待於無數後繼者多方面、多話題的探索。晚清民國的戲曲研究成果，初看起來顯得方方面面都有，正反映了戲曲研究的複雜性。

其實，戲曲只是一個很籠統的概念，其內裏含有極爲豐富的意藴，存在多種面向，頭緒衆多。自宋元以來，其演出形態就歷經多變，從廟會到堂會，由廣場藝術漸變爲劇場藝術，既娱神又娱人，在較長的歷史時期裏，其祭祀功能與娱樂功能或兼顧並舉、交互扭結，或相互剥離、二者並存，情形甚爲複雜。更值得關注的是，戲曲演出，其在民衆日常生活裏所起到的作用和影響也並非單一，而是呈現出複合功能。站在今天的文化立場上看，設若没有了戲曲演出，我們的民族素質就會大不一樣。試想，站在廣場上或戲臺前觀看戲曲演出的人們，有多少是村夫農婦，有多少是大字不識的文盲，可他們到底並非没有文化，起碼他們是知道漢高祖、「劉、關、張」、秦王李世民的，這就是民間版的「歷史啓蒙」活教材；起碼他們是知道正德皇帝游龍戲鳳是荒唐混賬的，陳世美不認妻是天理難容的，法海和尚拆散白娘子夫婦是歹毒不人道的，這就是民間版的「價值哲學」活教材。如此等等，無不喻示着中國民間的確出現了一所又一所依循着年曆、神誕等時間節點而隨機形成的「教養學校」：臨時搭建或設於寺廟裏的舞臺就是課堂，連那些前去看戲的男女文盲們也成了學生，從而形成文盲不等於没有文化的「中國特色」。可以説，戲曲演出含有娱神、娱人以及教化民衆等多種功能，顯示出中國戲曲舞臺以及戲曲作品的偉大作用與獨特影響。故此，晚清民國的學者們，换了一種眼光，不約而同地研究起過去人們大爲忽視的戲曲，而且角度各異，精彩紛呈。今天，重新閲讀他們的各式各樣的論著、論文，會驚異於他們的激情與專注，會佩服他們的耐心與細緻，更會獲知我們今天不一定能感受得到的特定時期的戲曲演出的樣貌；而話題之多樣、見解之尖新、材料之鮮活，也讓人開拓眼界、别有會心。

從存世文獻的角度看，晚清民國學者們的戲曲學論著、論文，除少數名著如王國維先生的宋元戲曲史、吴梅先生的中國戲曲概論等外，大多没有再版印行；原刊發於民國學術期刊上的與戲曲研究相關的論文、文章，更是難覓蹤影。不要説一般的讀者難以見到甚至並不知曉，就算是專業研究者也不易尋獲，要到圖書館查找，通常還不能外借，而且，並非所有圖書館都有收藏。這些論著、論文，往往散在於各地的公私收藏之中，使用起來極爲不便。於是，就有了收集、影印出版這一批「隱藏」了長達半個世紀以上的戲曲論著、論文之舉。

今天回過頭來看這一批話題衆多、形式不一的戲曲研究成果，輕輕撣去散落於書頁之上的歷史煙塵，我們依然可以認知到其中不可忽視的獨特價值，要而言之，約有如下數端：

第一，接續王國維的研究思路，將其相關研究加以細化，而又小中見大，顯示着戲曲學這一門學問的學術積累與學術推進過程。

宋元戲曲史作爲開山之作，具有無可爭議的典範性與權威性，最爲重要的是，王國維先生此書的框架大體呈現出「戲史溯源」「樂舞考原」「脚色探源」「劇本辨體」「劇目存佚辨析」「劇本文學研究」「雜劇、南戲區別對待」等内在的版塊，已經梳理出作爲一門學科的戲曲史論著的邏輯理路。這就爲後學奠定了該學科的學理基礎。當然，這一草創性的論著儘管體大思精，却也不無粗疏，受到材料的限制，有待補充、論证的地方亦屬不少，有些專題研究還有待「細化」，有意無意間，宋元戲曲史爲後學預留了不少可以進一步探研的空間。

於是，就出現了一些可以與王國維先生對話或補充其缺漏的論著，如在「戲史溯源」這一版塊，孫楷第的傀儡戲考原、董每戡的説「傀儡」（見説劇）、李家瑞的傀儡戲小史、華木的梅縣的傀儡戲等，以更爲豐富的史料、較爲縝密的分析做出了王國維先生尚未來得及細做的專題研究。宋元戲曲史第三章宋之小説雜戲專門談及「傀儡戲」，認爲傀儡戲起源甚早，大概在漢代已經有「作偶人以戲，善歌舞」的演出，歷經演化，到了宋代則成爲一項重要的文藝表演：「至宋而傀儡最盛，種類亦最繁……則宋時此戲，實與戲劇同時發達，其以敷衍故事爲主，且較勝於滑稽劇。此於戲劇之進步上，不能不注意者也。」這番話，言簡意賅，點到即止，但在「戲史溯源」的問題上卻是甚爲重要的。至於具體情形，還有待進一步考證。故而，孫楷第等先生的上述論著就顯得很有必要且甚有價值。

此外，在王國維研究思路的基礎上，試圖建構相對完整的「元劇學」（或可稱爲「元明雜劇學」），如賀昌群的元曲概論、孫楷第的也是園古今雜劇考、馮沅君的孤本元明雜劇鈔本題記與元雜劇與宋明小説的幾種稱謂 古劇四考、鄭振鐸的元明以來雜劇總錄等；在王國維研究思路的基礎上，試圖建構相對完整的「南戲學」，如錢南揚的宋元南戲考與浙江的戲劇、宗志黄的宋元之南戲等。可以説，這一系列成果，一則説明王國維先生開示了正確的研究路徑，可謂功不可没；一則説明王國維先生的宋元戲曲史畢竟處於「草創」階段，有待補充、斟酌甚至修訂的地方可謂不少。後繼者的勞作，一步一步，一點一滴，都不應被忽略。

第二，不再囿於王國維的研究框架，探索戲曲史上的另外一些重要問題，如地方戲研究，顯示着戲曲學作爲一門學問的開新與拓展。

宋元戲曲史局限於宋元，不及明清，這顯然是很大的欠缺，是一部不完整的中國戲曲史。何況，王國維先生是一位書齋裏的學者，平時不喜歡看戲，不去觀察舞臺，更不會專門去考察鄉間演劇。而自清中葉起，「花部」即地方戲，興盛不衰，深入人心，具有極大的藝術活力與潛力，是中國戲曲史極爲重要的組成部分。

有見及此，一些學者不辭辛勞，到民間去，收集地方戲曲的劇本，考察演出的實況，瞭解民衆的審美心理，寫出了功底扎實、資料豐富、見解獨到的論著，如黄芝岡的從秧歌到地方戲、揚鐸的漢劇叢談、鍾琴的越劇、玄然的花鼓戲、朱今的我鄉的目連戲、陳子展的花鼓戲無南北等。

尤其值得重視的是徐嘉瑞的雲南農村戲曲史，該書以雲南農村戲曲（包括舊燈劇與新燈劇）爲研究對象，

「把雲南現在流行的農村戲曲，做了一番搜集整理的工夫」，僅從該書附錄的雲南農村戲曲集（第一部爲「舊燈劇作品」，第二部爲「新燈劇作品」）可以看出，作者下了多大的功夫才能有此豐碩的收穫。而作者的研究思路也值得稱道，他說：「（雲南農村戲曲）是現在流行在民間的東西，和已經死去的元曲不同；它正在發展，正在變化，正在風行，對於努力通俗化運動的朋友，可以得許多參考的資料，可以從舊瓶中釀出許多新酒來。」（見該書導論）換言之，如今研究這些活態的戲曲，將之納入戲曲史研究的範疇，不僅着眼於過去，還着眼於現在。將戲曲史研究與田野調查有機地結合起來，是該書的鮮明特色。這絕對不是「學究」的思路，而是體現出真正懂行的戲劇研究者的胸襟與責任感，尤爲難得。這一類情形，在相關的其他論著中也有呈現，並非個別現象，我們在晚清民國的戲曲學者身上看到了十分可貴的學術品格。順帶可以提及，雲南農村戲曲史的一些記載頗具鮮活的史料價值，比如，説到一九三七年後雲南農村戲曲演出樣貌：「自抗戰以後，舊燈劇漸漸消滅，新燈劇大爲流行」；至一九四二年，抗戰已入第五週年，農村有不少宣傳抗戰的戲在上演，「登臺的脚色，是農村婦女的弟兄和丈夫，看戲的人，是生旦淨丑們的家屬」，他們不是職業演員，爲了激勵抗戰的精神，粉墨登臺；可以想見，那是烽火連天的歲月，那是民族危難的關頭，「學校疏散下鄉，有許多學校也把新舊燈劇改編成抗戰戲曲，所以男女學生有許多唱燈劇的了。有許多軍隊，住在鄉下，替人民種田、修路、挖溝、掃地，新春來了，軍人們唱燈劇給鄉村的農人看，因爲軍人多是從農村中來的！」（見該書結論）國難當頭，鼓舞士氣，民間戲曲起着不可小覷的作用；而學生的疏散下鄉、軍人的駐紮鄉間，成爲雲南抗戰期間戲曲演出興盛起來的歷史契機，這本身就是中華民族戲曲史的重要一頁。作者以飽滿的激情寫作雲南農村戲曲史，字裏行間，洋溢着有血性學者的正義感，數十年後，再讀這樣的文字，依然令人心潮澎湃。而回到學術層面，我們不能不充分估計這一類著作在戲曲學領域的開拓意義與價值。

第三，在新舊戲劇形式的碰撞、交融與更替過程中，探尋戲曲的新出路，顯示着戲曲學作爲一門學問所具有的與時俱進的活力。

晚清民國時期，藝術樣式變得更爲多樣化，舊的繼續流行，新的獲得青睞，新與舊，兩相對舉，互成對手。以戲劇而言，文明戲出現了，話劇漸趨成熟，一些留學外國的戲劇工作者帶回了新的戲劇理念，甚至在某些高等院校有「小劇場運動」，學生劇團相當活躍。在此情勢之下，一些戲曲研究者不得不思考「舊劇」的命運。比如，洪深先生有北劇之將來一文，所謂「北劇」，指的就是京劇即「皮黄」，作者在「新劇」的壓力下反觀「舊劇」的不足，認爲「北劇取材，大都是依據歷史小説，編者之識，類多不知選擇，所以不是描寫神權萬能的宗教觀念，便是鼓吹忠孝節義的傳統宗法思想，真正能够表現時代精神與社會生活的，簡直很少。這樣的題材不僅是爲現代的民衆所不需要，而且是太背叛時代了」。這種對「舊劇」的反思和批評，内裏包蘊着對傳統戲曲的熱愛，故而，作者建議「不能一味在因襲上下功夫」，一定要變革，「假如他們真的肯下了决心，從事改革，存其精華，去其糟粕，北劇未始没有存在的價值。」（見左明編北國的戲劇）又如佟晶心的新舊戲曲之研究，既是簡明扼要的戲曲史，又是一部探討舊劇如何在新的時代氛圍中改良自身、實現「戲劇的藝術化」的專題論著，其中，還涉及話劇、影劇等話題。儘管説不上精深，但作者視野開闊，着眼點明確，就是探討「因着自己的藝術化而影響到社會」的戲曲如何提昇自身的感化力量的問題。與此相關，我們看到，那個時期的不少學者以「京劇」爲思考對象，寫出自己在特定時代裏的新的認知，如稚青女士的國劇津梁、華連圃的戲曲叢譚、郭文生的近代皮黄劇韻等等。可以説，在「新劇」的刺激之下，學者們十分關注「舊劇」（主要是京劇）的生存之道與改良之策，爲日後的戲曲改革奠定了某些方面的理論基礎。

大體而言，晚清民國的戲曲理論研究，是一個我們過去重視不够的領域。原因可能多樣，但有一條是肯定的，就是相關的文獻資料「流通」不廣，人們自然就知見不多、認識不深。我們不能説，這一批論著篇篇精品、字字珠璣，其實難免會有某些「粗糙」，某種「雜質」，可换一個角度來看，正是這樣一批「精粗雜陳」的文獻資料，更爲「原生態」地展示出晚清民國戲曲研究的動態風貌；學者們的各種見識，或精審，或粗淺，或是不刊之論，或是有失允當，都已經成爲「學術史」裏的「活化石」，無須格外「打磨」，也不必刻意「遮掩」，原原本本，呈現在後人眼前，這何嘗不是一件值得「點贊」的事情呢？

是爲序。

二〇一五年七月二十八日於中山大學

作者簡介

中州音韻

作者不詳

中原音韻講疏

汪經昌（一九一三—一九八五），曲學家。字守言，號薇史，湖北省武昌縣人。上海光華大學政治系畢業。幼從吴瞿安（梅）先生學習，一九五八年任臺灣師大國文系教授，講授曲學課程，並兼任東吴大學、中國文化大學教授，一九六六年任教新加坡義安書院，後轉任香港新亞書院教授。著有曲學例釋、南北曲小令譜、中原音韻講疏。

理論研究編

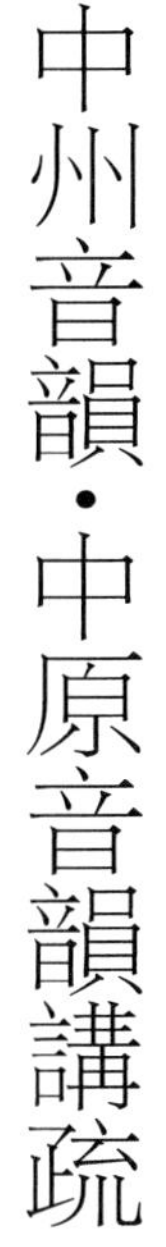

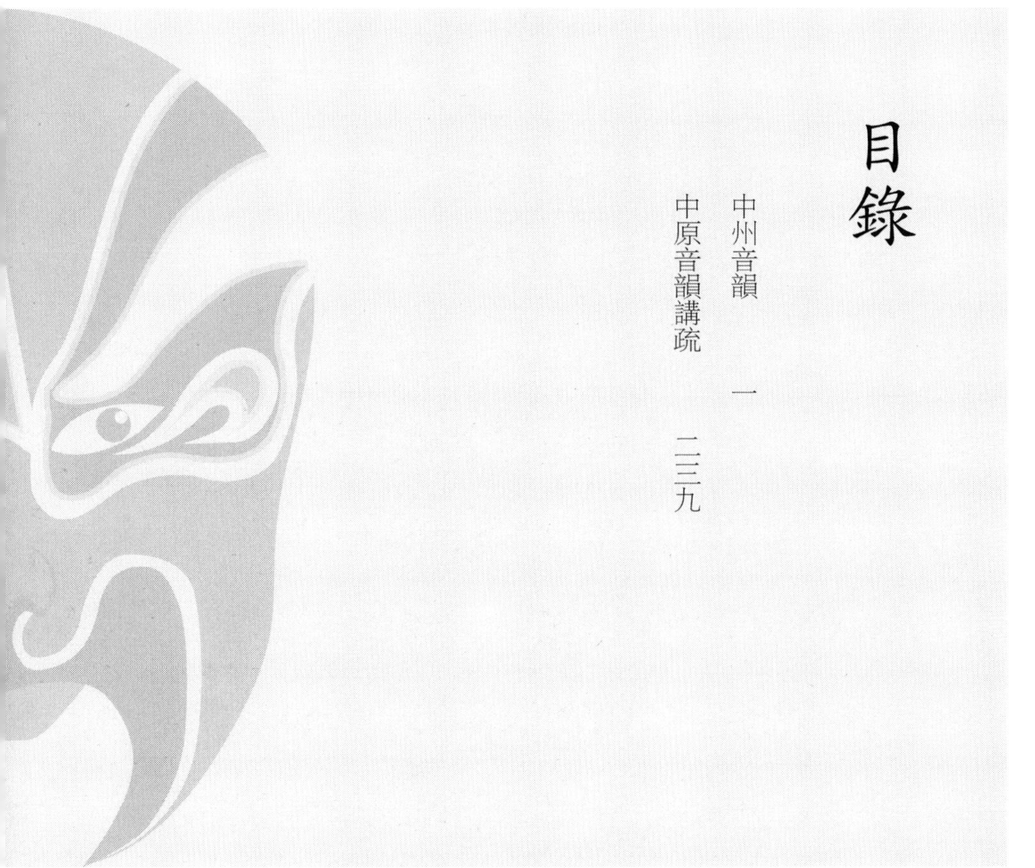

目錄

中州音韻

中州音韻

附切韻

中州音韻

中州音韻目錄

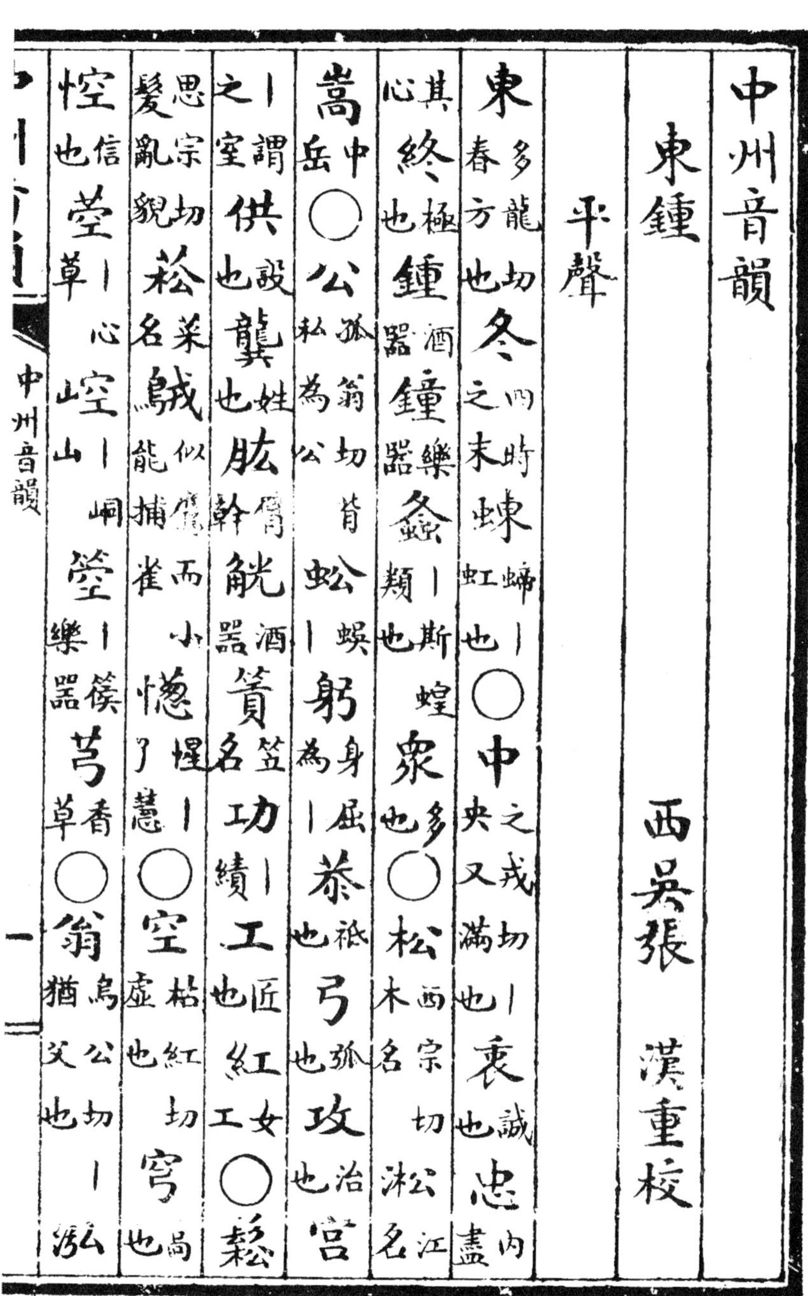

中州音韻

東鍾

西吳張漢重校

平聲

東多龍切春方也冬四時之末蝀螮｜虹也○中之戎切｜央又滿也衷誠也忠內盡

終其極心也鍾酒器鐘樂器螽｜斯蝗類也衆多也○松西宗切木名淞松江名

嵩中岳○公孤翁切背私為公蚣蜈｜躬身屈為｜恭祗也弓弧也攻治也宮

｜謂之室供設也龔姓也肱臂幹觥酒器簀笠名功｜績工匠也紅女工○鬆

思宗切髮亂貌菘菜名䳒似鷹而小能捕雀憽惺｜了慧○空枯紅切虛也穹高也

悾信也䓘｜心草崆｜峒山箜｜篌樂器芎香草○翁烏公切｜猶父也滃

水深 𩍐 吳人靴𩍐曰| ○宗 玆鬆切本也 椶 木名 騣 馬鬣 鬉 髮亂 鬷 罟| 蹤 跡也

○崩 逋蒙切山壞也 繃 束小兒衣 浜 安舡溝 拼 使也 絣 人以繩直物 艕 搒|舟兵

○濃 尼容切|厚貌 | 醲 厚酒 顒 仰禺也 穠 華木稠多貌 喁 噞|又相應和聲 ○

農 奴東切耕夫也 | 儂 吳人謂我為| 膿 癰潰 噥 多言不中 矇 目不明 ○戎 而中

切兵也助也 茸 草生貌 絨 細布 狨 禺屬毛可為布 鱅 魚名 駥 馬八尺 茙 ||厚貌

毧 氄|罽也 蹤 貴松切跡也 縱 直也 毿 毿毿也 ○龍 驢東切虫之長鱗| 隆 盛也

癃 病也 窿 穹|天勢 篷 篁竹也 ○籠 盧東切養鳥| 曨 日出貌 櫳 養獸檻也 瓏

玲| 聾 耳病 嚨 喉也 𩟍 |餅 䪊 |頭 礱 磨也 朧 月出 襱 袴也 攏 馬|頭 ○蒙

麻崩切覆也 濛 空|細雨 朦 月將入也 矇 目有童子 幪 蓋衣也 盲 目無童子 氓 民也

螉虫名甍屋棟艨舟名萌草芽懵丨丨無知貌矇日未明夢丨丨亂也○從齊松切順也○叢慈鬆切聚也叢草丨生䉵取魚器潨水會琮瑞玉八寸從就也○同徒龍切共也銅赤金桐木名筒竹名峒崆丨山名橦水名童童子也潼水名瞳目丨子曈日出艟艨丨戰船僮丨僕也朣月出氃氋丨毛散亂鼕鼓聲彤赤色衕通街絧布名蟲他戎切有足曰丨虫同上重疊也崇高也慵懶也鱅魚名○充初戎切滿也冲深也种稚也又姓翀直上飛衝通道也忡憂也憧不絕貌㤝心動𦨴舟名○烘呼工切烘燎轟群車之聲薨公侯卒也洶水石聲儚惛也○容移濃切丨儀溶水貌蓉芙丨庸常也墉城也鎔銷也融和也鄘國也鏞大鐘瑢瑽瑢輍車行貌榕木名榮華也傭役賃○雄攜容切飛曰雌

|熊獸似豕 ○窮其容切極也 藭芎| 筇竹名 蛩蟬蜩曰| 瓊赤玉 邛地名

○馮扶崩切姓 逢迎也 縫衣會也 ○風夫崩切天地之使也 楓木名 豐登也 酆

地名 丰滿也 鋒刃芒 釰 峯山| 蠭|生言衆多也 封建也 葑菜名 烽|燧 蜂飛虫

○紅胡工切淺赤色 洪大也 洚水不遵道 鴻|鴈 横縱|之對 虹螮蝀 弘宏大 嶸

崢|山峻貌 紘冠卷 宏大也 谹大壑 ○邕衣容切和也 雍和也 壅塞也 噰鳥聲

廱辟|學名 雝|渠鳥名 ⿰衤邕禨初 ⿰革邕鞿勒 噰鳥聲 癰|疽 甕汲水缾 ○悤粗叢

切遽也 葱葷菜 聰能聰耳力也 鏦才屬 蓯蓯蓉藥名 從|容舒緩貌 驄馬青白色

囪灶突 ○通他隆切達也 蓪藥草 恫痛也 侗未成器之人 ○蓬蒲蒙切編竹覆

舟車 芃草盛貌 韸|鼓聲 鬔|鬆髮亂 菶||茂貌 朋五貝曰| 彭行也又姓 膨

丨脝脹貌鵬鵾丨棚棧也蓬草名○舂初戎切擣也踳踊也椿撞也惷愚也[illegible]

鶩馬○凶希容切不吉也胷膺也兄長也兇惡暴訩訟也洶水勢○烹鋪蒙切煮

也閛門扉聲

上聲

董多攏切督也懂懵丨心亂○孔枯拱切穴也空也恐懼也悾誠心倥丨總

事多○懵叶蒙上聲心亂懞丨丨茂盛貌艋舴丨小船蜢蚱丨似螽而小猛勇也蠓

蠛丨小飛虫○桶叶通上聲大器受六斗統總也捅丨進前也○總茲聳切統也

鬆丨角○聳思攏切高也悚懼也竦恭也朧挺也○蓊烏拱切草木盛貌滃

雲氣濃貌汞水銀滓○籠盧董切箱丨攏丨畧隴天水大阪壟丘丨朧乘馬○

嗊胡孔切羅丨歌也○種之冗切丨類冢大也塚封日丨腫脹也踵足跟○

寵初冗切恩也愛也嗹不能言○勇因竦切猛也湧泓丨泉上溢也涌同上俑

送葬偶人踊跳也蛹蚕化為丨擁衛也史縱丨猶獎也永長也遠也埇道上加土○

捧夫孔切兩手拱承也覂返覆逸駕○琫邊孔切佩刀下飾絣丨息貌唪多實

○洶叶凶上聲水涌聲詾衆言也○拱居孔切叉手也珙璧也鞏固也以皮束也

礦銅鐵朴石○冗而腫切雜也忙也茸草生貌又闒丨氄毛毳細宻㧐拒也○烔

胡勇切先也明也冋窗牖開明迥遠也

去聲

送思綜切餞也宋國名○閧呼貢切鬪聲澒濛丨大水哄衆聲烘燎火乾也橫

不以理也○湅多弄切氷ㄧ棟屋檼蝀螮ㄧ虹也○動徒弄切ㄧ之也洞幽壑○

諷夫貢切誦也葑ㄧ田奉承也俸秩祿鳳瑞禽縫衣人賵贈死物○總臧送

切絲數綜機縷粽角黍○縱貴送切肆也從隨行○弄盧湅切玩也哢鳥吟

聲礱磨也躘ㄧ踵○鞚枯貢切馬勒空缺也倥ㄧ傯困貌○貢孤瓮切獻也

羾至也共同也供陳設○瓮烏貢切罋也甕同上齆鼻塞曰ㄧ○夢叶蒙去聲

神交為ㄧ孟長也○踵叶克去聲躘ㄧ行不正也惷愚也銃火銎也○衆叶中去聲

多也中當也種蓺也重輕ㄧ之ㄧ仲次也○用衣誦切使也泳游ㄧ潛行水底詠

ㄧ歌謳吟也瑩玉色潔也咏詠同永書歌ㄧ言醟湛酒○齈奴湅切多涕鼻疾鬞

髮亂○嗅虛用切鼻審氣迥廖遠敻遠也詗告言也○頌詞綜切稱述也詞詞ㄧ

訟爭也又責也○⿺走并通夢切走逸也迸同上涌也又蚌蛤也

江陽

平聲

江居羊切丨淮姜姓也薑菜名韁介也韁馬紲⿰虫畺蚕白玒玉名僵仆也釭燈也

○岡歌杭切山脊曰丨剛勁也綱丨總缸罌丨堈甕也亢星名扛舉也杠旗于

肛胮肚脹大也矼聚石度水鋼堅鉄○粧之霜切粉飾也裝裹也樁丨橛莊嚴也

○邦逋忙切小曰鞤鞋革皮用幫衣治鞋裹挷土精如手在地中食之無病搒捍也

榜笞打幫或曰副也○雙師莊切偶也霜凝露驦驌丨良馬鷞鷫丨孀寡婦艭

舽丨舟名○章知傷切文也樟橡樟木名漳水名璋半圭曰丨彰著也明也麞鹿屬

張弦弓曰丨鄣莒丨地名嫜姑嫜障擁蔽也獐麋屬○商戶張切行賈也傷損也
殤未成人喪觴酒巵揔名暘耕塲湯丨丨流貌○螿資相切蟬屬將欲然也漿
丨水槳檝屬○桑思臧切木名喪持服曰丨○康軻杭切安也和也穅穀皮糠
同上慷慨丨感思也○光姑黃切明也胱膀胱水名桄丨根木名○當多郎切丨
猶合也襠袴屬簹篔丨竹名璫充耳之珠矘耳丨鐺銀丨鎖艡艜丨船名東丁丨
聲也○忘無邦切不誌也亡失也逃也望瞻也○忙麻邦切冗也佈也芒草端邙
北丨山名哤語雜亂尨犬穠毛者為丨狵犬多毛茫滄丨水貌杗屋梁鋩刃之鋒丨
也龐厚也大也○良离張切善也梁棟丨粱穀名糧糗丨量槩度多少也涼
微合輬轀丨車踉跳丨綡冠名纚穰仁張切禾莖也攘竊也禳祀除殃也瓤瓜犀

瀼露濃貌 ○娘尼姜切少女之稱 ○郎盧當切男子之稱 廊廡也 浪滄丨水名

狼獸名 琅丨玕 蜋螳丨 桹高木 榔檳丨 ○航何岡切 杭州名 行列也 頏頡丨

○囊奴當切袋也 ○昂吳岡切舉也 駠丨丨馬驁怒貌 ○窻初莊切通孔也 囪

上同 瘡傷也 摐撞也 ○降奚江切服也 ○胮鋪忙切丨脹也 滂沛也 韸鼓聲

鎊削丨 霶丨霈大雨 磅石聲 ○龐蒲忙切高屋又姓 逄姓也 傍側也 徬丨徨 房

秦作阿丨宮 螃丨蠏 旁丨午交横也 胦丨胱 ○腔丘羊切羊丨 蜣蛣丨 羫同腔

慶餘慶又福也 ○幢鋤霜切旛丨 床臥榻 淙水聲 噇喫貌 橦木名 瘡病也 ○

陽移江切陰丨二氣 暘日出 揚發也 楊木名 颺風飛物 羊柔毛畜 洋丨丨盛大

貌 佯詐也 徉倘丨徙倚之貌 鴹鷊丨鳥名 煬融也 昜日也 ○詳徐將切審也 翔

回飛祥福也庠商曰|○墻齊將切垣|牆垣墉檣船|薔|薇花名戕外殺

又傷也嬙嬪|婦官○香希江切氣芬芬薌穀氣鄉|黨○房扶邦切室也魴

魚名防隄也禦也○昌痴傷切盛也閶|闔倡|優女樂菖|蒲猖|狂鯧|鯸

魚名○長池傷切久也腸腹|水穀二道塲治穀地也尚主也嘗探味也又曾也償

還也鱨魚名裳下衣曰|又神張切萇|楚又姓常經也|久也○芳敷邦切芬|

方四方也枋木名肪脂也祊祭四方也妨害也坊邑里○相西將切交相又共也

襄贊也纕佩帶緗淺黃瓖馬帶玦廂廡也湘水名驤馬騰躍箱籠|○鏘

妻相切鏗|玉聲蹌行貌搶拒也蹌動也戧傷也槍稍也○匡枯黃切正也筐

飯器也眶目涯羌西羗蜣|蜋○王吳光切主也又姓○央衣江切中|殃

咎禍鴦鴛|秧禾苗泱水廣貌○彊渠良切健暴壯盛引有力也○強同上○

狂渠王切心病○唐徒郎切大言也又姓塘隄岸螳|蜋棠|梨傏|倀不遊也

搪|揬餹|餔黍膏堂屋也糖飴|膛||肥貌○倉祖藏切藏穀廩蒼深青色

滄|浪水名鶬|鶊鳥名○黃胡光切中央色璜半璧皇君也惶恐也篁竹名鱑

魚名隍城池無水徨徬|遑暇也凰雌曰|艎艅|舟名喤小兒聲煌焜煌簧

笙|蝗|虫為災潢積水池○湯他郎切熱水鏜鐘鼓聲○汪烏光切|洋浩

瀚貌尪弱也○臧茲桑切善也贓吏受賄戕|牁又戕也○荒花光切蕪薉也

肓心上鬲下衁血也𣘻果蓏不熟

上聲

講居養切論也港水派襁小兒繃腔筋頭鏹以丨貫錢傋佬丨不媢貌○鞅

於港切牛羈也怏悵丨○養怡講切育也癢痛丨仰反首望也○蔣兹想切菰丨

獎勸也槳檝屬○兩良蔣切二十四銖魎魍丨山川精物蜽蝄丨名○强欺養

切勉丨○想思蔣切思也鮝魚腊也○掌之賞切手心又主也長凡齒高位尊皆

曰丨仉姓丨[illegible]反爪爽叶霜上聲明也⿰犭爽或曰猴屬○響布講切應聲饗鄉人飲酒

又歆也享同上夯或曰負也蠁肸丨布貌嚮兩階謂之丨○敞痴賞切高也廠

屋無壁鷩鷩羽昶明也○壤人掌切柔土無塊攘擾也穰豐也○上聲賞切登

也進也賞賜也餉饋也晌或曰日中也○紡方榜切丨績放丨效倣倣也髣

丨髴彷丨彿舫並兩舡訪謀也昉明也○罔無榜切無也又羅致也網與罔同

魍魎丨誷誣也輞車丨惘丨然失志貌○枉吳廣切曲也抑屈也往去也行也○

搶妻想切爭取也顙思朗切額也磉柱下石也鎟鼓用木也嗓或曰喉丨也○廣

狐往切大也闊也○榜逋莽切標丨蒡牛丨菜綁縛也○曩奴黨切久也灢水名攮勇進也

○盎衣明切盆也映丨丨悲咽○沆阿黨切漭丨大水貌吭聲也

○儻他曩切倜丨卓異帑金幣所藏倘丨然曭丨謊月不明○黨多曩切偏也

讜善言真言○莽蒙搒切草丨也蟒大蛇漭沆丨水大茫鴻沆濛丨○朗羅黨切明

也俍丨塲長貌○謊呼廣切夢中言也慌丨惚晃暉也○壙枯廣切穴也○

駔茲嗓切牛儈也髒骯丨體盤

去聲

絳雖漾切大赤色降下也虹螮蝀洚水不遵道糨或曰漿也獍莊子音義蹄兎｜也強

自是也繈｜褓負兒衣○相西醬切視也像形｜也象大獸○悵知二切惟

也脹脹滿漲大水貌障｜蔽瘴熱病嶂峰嶂○仗池上切兵器又隊仗杖凡｜

丈十尺曰丈○巷奚降切里中｜衖曰｜向對也項頸後珦玉名○悵痂尚切失

志望恨貌暢通也唱後歌謂之｜鬯鬱｜倡導引先韔弓衣○怏衣降切戇也

恙病也煬暴也漾水名颺風飛也養供｜瀁水溢蕩貌樣式也○亮離丈切明

也諒信也量度｜兩來也緉履兩枚踉｜蹡行不迅也眼目病○壯叶莊去聲

强也○狀叶牀去聲形象也撞擊也戇愚也○蹡妻相切跟行不正貌○蹌竹｜

戧傷也○讓人帳切退｜責｜○上升帳切崇也餉饋也饟同上尚高｜貴也

餙也 ○ 釀泥降切醖酒 ○ 胖鋪謗切脹臭貌 ○ 將賷相切主特也 醬醢也 ○ 匠

齊相切木工也 ○ 截叶窓去聲捍舡木也 創始造也 刅初也 䚈視不明也 ○ 愴妻喪

切悽| ○ 放夫謗切肆也 舫並兩舡 訪謀也 ○ 望無放切瞻望 妄誕也 忘遺|

○ 晃胡誑切光美也 幌帷幔也 滉|瀁波也 ○ 況呼誑切發語之辭 貺賜也 況

滋也 ○ 誆姑晃切欺也 桄纖機| 光上色 ○ 旺吳誑切光美也 王興也 ○ 壙

枯旺切虛大也 壙穴也 纊絮之細者曰| ○ 浪狼蕩切波| 閬高門 ○ 桁霞浪切晒

衣竿 吭咽也 行||剛彊貌 沆|碭白氣之貌 ○ 葬茲喪切藏也 ○ 謗逋曠切毀

也 傍倚也 棒杖也 ○ 當都浪切質|也 ○ 蕩徒浪切放| ○ 藏慈喪切蓄物也

臟五| ○ 抗軻折切捍也 亢|陽 伉|儷配偶也 炕火| 砊|硠石聲 ○ 宕

忙浪切老人不知也 漭丨浪大野也 ○盪他浪切滌器也 鐋工人治水器 宕洞空 碭山石 ○儾奴浪切緩也 ○掆孤桁切稍丨舁也 ○⿰酉黃胡曠切醱丨酒 ○盎烏浪切丨盆 喪思葬切死也

支思

平聲

支爭時切持也 枝柯丨 榰梧丨 脂丨膏也 卮酒器 梔丨子 之適也 芝瑞草 祇恭也 肢體丨 鳷鳥名 氏月丨西域國名 ○眵抽支切目汁凝 差不齊等也 鴟丨鴞 蚩輕侮也 嗤笑也 媸醜也 ○資曾思切助也 髭口上鬚 貲財也 姿態也 粢稷也 茲此也 孳生息 孜勤也 滋液也 耔壅禾根 鶿鳥之圜掩上者 鯔魚名 ⿰黑茲染墨 緇

墨色繒也淄水名椔木立也觜｜宿星名訾｜之為言量也輜軿車鎡｜錤趦｜趄

咨嗟也齋裳下緝曰｜菑不耕田也○兒如之切嬰｜象形而汝也洏漣洏涕流

輀喪車○時蛇之切辰也匙七也鰣魚名蒔植也立也○慈齊茲切心柔也鷀

鸕｜水鳥餈稻耳疵黑類疾玼玉病磁石可引鉄茨茅｜茈草名茲龜｜國名○

師生之切範施設也尸主也蓍蒿屬獅後猊也屍在床曰｜詩志發於言鳲｜鳩

螄螺｜釃以籭盪酒篩草名○思僧茲切念也偲相切責司主守也斯此也

澌水索也鷥鷺｜絲蚕所吐楒相｜木罳罘｜屏也析分也䰄鬖｜多鬚緦

十五升布廝役也颸風貌私不公○雌增思切禽鳥｜雄○詞詳茲切言也祠

祭也辭却不受也柌鎌柄

入作平聲

蝨叶詩 蟣丨

上聲

紙之始切楮藉 砥礪石也 旨美也 徵火音 祉福也祿也 沚小渚 趾足丨 止停也

芷香草 指示也 阯交丨郡名 咫八寸曰丨 枳似橘有刺 址基也 軹縣名 黹箴縷 底

致也 ○此倉子切彼丨之對 佌丨丨小也 泚水清 跐蹈也 玼玉色鮮 ○爾兩止

切也 汝 邇近也 耳聽官 駬騄耳駿馬 餌食也 珥耳璫 ○齒昌止切牙丨 侈奢也

○史詩止切作丨記事者也 始初也 弛引解也 矢箭也 豕豬屬 使役也 駛馬行

疾 屎糞也 ○子茲死切嗣也息也 訾譏也 紫黑赤間色 姊女兄也 梓木名 跐

行貌 仔 任也克也 ○ 死 蘇子切殁也

入作上聲

澁 生止切不滑也 瑟 樂器 ○ 塞 思子切填也 ○ 則 叶子法丨

去聲

至 之是切到也 志 在心為丨 痣 黑子 誌 記也 躓 路丨 ○ 是 詩至切丨丨非也直也

氏 姓丨 示 垂丨也 視 瞻也 侍 承也 恃 依怙也 豉 鹽丨 嗜 欲也 謚 漢書賜之令丨

柿 果名 士 丨卒 仕 筮丨初官曰筮丨 市 貿易為丨 事 世務 蒔 植立也 筮 著十曰丨丨

噬 齧也 使 將命者 施 布也 試 用也 弑 下殺上也 啻 不止是也 如 [illegible] 米穀中蠹 ○

寺 詞恣切司也廷也 兕 似牛一角青色 俟 偵候也 似 類也 祀 祭也 巳 辰名 食 飯也

飼以食｜人 嗣繼也 笥竹器 汜水名 禩年也 耜耒也 姒姊｜ 四倍二為四 泗水名
思意也 賜錫也 駟二乘四馬 肆陳也放也 伺與候同 ○恣資四切縱放也 漬浸也
胔肉腐曰｜ 骴殘骨 眥目際 滓澱也 ○自慈四切躬親也 字撫也 牸牝牛 ○次
倉四切｜第也 刺諷｜譏切也 截毛虫 厠圊也 ○二而至切地數之始 貳副也 珥
珠在耳 餌粉餅也 ○翅蚩侍切翼也 幟旗也

齊微

平聲

微無非切細也 溦溦｜小雨 惟謀也 維繫也 薇薔｜花名 ○齊前西切整也 臍
肚｜ 蠐｜螬虫 ○機經侈切樞｜ 稽滑｜滑亂也稽同也言辭捷亂異同也 羈馬絡

頭奇不偶也畸殘田敧筋取物肌膚肉饑穀不熟譏誹也磯磧也枅屋櫨
雞知時畜刉刲也羇旅寓乩卜問幾庶幾近也飢餓也璣珠不圓蟣蝨子姬
周姓笄簪也其語辭基址也朞周年畿丨方千里箕丨箒○歸爪為切還也嬀
姓也規為圓器龜甲蟲之長圭端玉珪同上閨宮中門○低都離切高丨胝
手胼足丨也堤岸也磾染繒黑石羝牡羊隄丨防氐宿名鞮丨鍪胄也○西先齊
切東丨犀獸名栖禽鳥所宿嘶馬聲撕提丨粞碎米也○盃巴梅切酒器杯
同上悲慼也碑銘石陂澤障曰丨裨補也卑下也賤也○追之誰切逐也錐銳也
騅馬雜毛曰丨○知真痴切覺也蜘丨蛛○迷明非切惑也弥丨縫獼丨猴
瀰渺丨大水貌罙深也○離淩低切近曰丨梨果名犂耕具黎衆也貍狐丨鱺

魚似蛇無鱗甲其氣辟蠹虫　瓈玻丨　鸝黃丨　罹遭也　璃瑠丨　麗高丨東夷國　謧弄語

劙剝也　鱺魚也　蜊蛤丨　縭綾也　釐毫釐　籬竹名　嫠婦無夫　离鈄名　籬竹丨　驪

馬深黑色　漓火滲　醨薄酒　藜草蓬似　蔾蒺丨　蠡接丨日冒　○尼奴啟切和也　鸋

由醬　泥水和土　呢丨喃言不了　怩忸丨心慙　○梅謨悲切果名　枚幹曰丨　煤

烟墨　莓草名　每原田丨丨　媒丨妁　塺塵也　嵋山名　脢背肉　眉目上毛　湄水際　楣

檐下横丨　醾酴丨醲酒　重　縻繫也　糜粥也　玫丨瑰　靡羈丨不絕又散也　麋鹿屬　○

雷盧堆切陰陽薄動之聲　罍酒尊　櫑同上　縲黑索　羸瘦也　樏禹山行所乘　纍聯絡

貌　虆盛土籠　檑研物也　○隨詞催切從也　隋國名　○妻青齊切齊也　悽

悲痛　淒寒也　萋草盛　棲禽鳥所宿也　○移盈離切徙也　扅扊丨　匜盥水沃手器

疑不定也嶷山名眙眝也頤頷也沂水出泰山彝常也飴餳也怡悅樂倪端丨
頭也鮨霓雌虹輗大車轅端持衡木猊狻丨宜適理儀容也夷傷也姨妻之姊妹
洟鼻液痍瘡丨遺失也蜺虹丨荑芟刈涯水際圯土名橋圮舉也蛇委丨自得
鯢魚名⿰衤兒衣⿰衤兒○奇擊移切異也芪丨母藥草騎跨也祇地神期約也萁豆莖
旗旌丨耆六十曰丨蘄州名祈求也琪玉名琦玉名玩也棊弈子頎長貌淇水名
騏馬青驪色麒仁獸祺祥也蜞彭丨似蟹祁大也旂諸侯所建鬐馬鬣畿天子寰內
地[illegible]參差○希虛雞切罕也稀疏也羲太昊氏俙依丨彷彿也犧牲也曦
日光嬉戲也熹熾也僖樂也嘻噫丨嘆聲睎觀也豨豕也醯酢也巇山嶮戲嗚丨
嘆辭欷歔丨禧福也熙和也唏哀而不泣○欺輕和切詐也攲不正溪水注川曰

丨谿同上 崎 嶇丨 僛 醉丨舞丨 ○提 停离切挈也 嗁 鳴也 蹏 足也 鷈 丨鶘水鳥

騠 駿馬駃丨 罤 兎網 綈 厚繒 稊 似稗 題 品丨 禔 福也 荑 卉木初生貌 苐 草名 ○

癡 昌知切不慧 笞 捶擊 螭 似蛟無角 絺 葛布細曰 鴟 丨鴞 郗 邑名 魑 鬼魅 黐 所以

黏鳥 ○衣 於離切上曰丨 依 附也 漪 漣丨水文 猗 嘆辭 醫 療也 咿 喔笑語貌 噫 恨聲

黟 黑木又縣名 伊 彼也 鷖 鳧屬 ○池 陳知切沼也 墀 丹丨 馳 疾驅也 篪 樂器

遲 徐行也 持 執也 蚳 螘子 治 攻理也 踟 蹰 ○批 偏迷切手擊 批 同上 砒

丨霜 判 削也 訛 言謬 紕 繒疏 鈹 兵器 鎞 釵丨 ○脾 平迷切土藏 疲 勞力也 鼙

騎鼓 上 罷 倦也 貔 獸名 琵 丨琶 [illegible] 和也 枇 丨把 毗 厚也 ○非 方微切不是也 霏

雨雪雱貌 菲 芳丨茂貌 緋 絳色 扉 戶扇 騑 馬行貌 妃 嬪御之貴者 飛 丨翔 馡 丨丨

香氣蚩聲｜英○肥扶非切｜腓委肭也淝合｜水名○篦邦迷切竹器鎞掠器

○兮弦雞切語有所稽也奚何也畦田五十畝曰｜攜提｜嵇山名蹊徑路鼷鼠名

○虀將西切蒜為之薑躋登也賫持也擠排也齎送也○灰呼歸切火過為｜

豗相擊麾指｜也揮奮也撝裂也輝光也煇同上暉日光徽美也翬雉名褘

后夫人祭服○魁枯偎切斗首四星也恢大也悝病也虧缺也盔器｜顝大頭窺

小視睽日月相違奎宿名刲割也○嵬吳歸切崔｜圍環繞也為作造也違

背也幃單帳危不安也桅小舡檣也韋熟曰｜惟｜闈也維繫也巍高大貌

遺失也闈宮中相通小門○煨烏圭切｜燼隈水曲偎愛也椳門樞緌五色絲飾

痿痺濕病葳｜蕤威尊嚴也○垂持追切自上縋下陲邊也錘權也鎚金｜

椎擣也槌擊也○吹[illegible]雖切｜噓炊爨也推擇也○醅鋪梅切酒未漉披開也
散也坯未燒陶瓦邳下｜地名丕大也胚孕一月呸或曰助語也○裴滿梅切衣
長貌陪助也培擁也皮｜膚肌表也○雖思推切設兩辭綏安也荽胡｜香菜濉
水名尿當作弱宜教切睢｜陽縣名○葵渠回切菜也馗鍾｜俗以辟惡夔舜典樂之
官逵通道○蕤兒追切｜賓律名緌冠纓○回胡歸切轉也洄逆流而上曰泝
｜廻還也佪徘｜蛕人腹中長虫佪｜｜惛也○隤徒雷切下墜也穨暴風也
魋獸似熊而小○崔思雖切邑名縗喪衣榱椽也催促也衰殺也○摧慈隨
切折也崔山高○堆都雷切聚上鎚餅也追戎狄國名○推他雷切擠也[illegible]
｜毛[illegible]○誰時追切孰也

入作平聲

窒張移切塞也桎足械帙書衣秩職也○實繩知切誠也食殽饌又茹也石

山骨十數名什物|射以弓弩矢|物拾收|鉐鍮|銅屬蝕日月虧曰|殖蕃|

滋生也植栽也○姪征移切兄弟之子擲抛也直正|不曲也○疾精妻切病

也急也藉蹈|也嫉|妬籍簿籍𧩼語急寂靜也集聚也䌖合也又蠻夷貨名

○夕星西切暮也席簟也穸墓穴汐海濤夕曰|蓆大也襲重衣也隰原|

州名習鳥數飛也○逼兵迷切迫也甓瓴甋愎狠也踾蹋地聲弼輔也鼻西之

中部○狄下離切北|荻蘆屬覿見也逖遠也笛樂器翟姓糴市穀米也敵

抵也廸啟|開發也髢女髻○及史移切連累也給俱|極至也笈書箱汲引也

○惑胡歸切疑也 或未定之辭 ○核叶黑平聲果中實又音胡 齕齧也 覈考也 劾推窮罪人也 嚇怒也 赫赤也 ○蠈叶則平聲食苗節虫 賊寇｜

上聲

尾忘彼切首｜ 亹｜｜不倦之意 ○比邦米切並也 匕｜首匙屬 妣母曰｜ 彼對此之稱 鄙郿也 粃｜穅 否臧｜ ○倚因巳切依也 椅坐凳 扆隱翳 迤斜行 偯哭餘聲 旖｜旎 矣語巳辭 巳此也 ○以銀几切用也 苡薏｜ 擬準｜ 艤整舡 顗謹莊也 螘蚍蜉小者 錡三足釜 儗僭也 蟻與螘同 ○起丘巳切興也 綺繒也 杞木名 啟開也 棨｜戟 稽下拜手至地 豈非然之辭 企舉踵也 ○洗相擠切滌也 徙遷移 璽印也 枲麻有子曰｜ 屣履也 葸畏懼貌 蓰物數五倍曰｜

○米忙彼切穀實　芈羊鳴又楚姓　侎丨安也　眯物蔽目不明　弭弓末又息也

靡披丨　○旎寧巳切旖丨　檷父㯋　泥丨丨露貌　檷絡絲柎　伱汝也　○几姜倚

切凭器　麂麋屬　已身也　幾問多少之辭　蟣蝨子　紀維也　○李良底切果名　履

皮曰丨　禮理也　理料丨　裏衣內也　里五隣為丨　娌妯丨　澧水出衡山　醴甘酒一宿

熟　邐丨迤行貌　鯉魚名　蠡蚌屬　俚鄙俗也　悝憂也　○恥昌里切辱也　侈泰也

○喜香巳切悅也　蟢丨子虫　○底下禮切下也　邸舍也　詆訶也　觝觸也　弤

雕弓　抵擠也　○匪方比切非也又文貌　斐文貌　朏月未盛之明　悱丨丨欲言　誹非議

菲大也　篚箱屬　榧果名　棐同上輔也　○體他里切身也　躰同上　○濟臧洗切丨

丨盛貌　擠排也　○浼忙悔切水流平貌　每丨常　美喜也　靡無也　○悔荒鬼切懊

也毁虧也壞也譭謗也卉草名虺丨蜥賄財也燬火焚壞也○猥汪鬼切鄙

也委曲也洧水名睢應聲鳩鷙鳥食巳吐其皮毛如丸也韙是也煒盛赤葦

葭屬偉奇也痏瘡丨未平頠閑習容止貌隗唯丨高也巋丨然高峻○腿湯頹切股

也○跪匡委切拜曰丨揆度也跬半步一舉足也○鬼光委切人死曰丨詭詐也

軌車丨晷日影簋盛黍稷器癸十幹名宄姦丨○髓桑嘴切骨中脂瀡滑也巂

越丨○磊郎腿切衆石狀纇絲節也壘魁丨壯貌累增也儡傀丨櫑古木劍蕾

蓓丨花綻癗痱丨○嘴臧髓切喙也○蘂如累切花心須○捶叶吹上聲擊也箠

杖也○水雙纇切五行之首○圮滂米切岸毁覆也否塞也痞腹內結痛嚭大也

秕黑黍○餧奴鬼切飢也鮾魚敗○蓓鋪每切丨蕾

入作上聲

質張耻切朴也 隲陰｜定也 只專辭 執持也 汁液也 隻物單曰｜ 跖足履踐也 屋

盩｜縣名 炙燔｜ 摭拾也 職執掌也 織組｜ 陟升也 ○昔喪始也擠切 惜愛也

舃複履 息呼吸氣也 熄蓄火滅也 又悉詳盡也 膝脚｜ 析分也 淅｜瀝 錫青金

又賜也 蟋｜蟀 晳白色 蜥｜蜴 ○七倉洗切數也 漆膠｜ 戚親也 慼痛也 緝

績也 葺脩補也 刺鯨也 趚趚｜行貌 鏚斧鉞 楫棡｜也 ○匹鋪米切偶也 疋

倍兩為之｜ 僻乖｜邪哆也 闢開也 劈剖也 癖瘕｜腹病 ○吉巾以切休祥也 級

等也 急疾也 給贍也 吃言蹇 訖止也 戟戈｜ [illegible]髭｜ 棘木名小棗也 汲引水於井

擊扣也 激蕩也 姞姓也 佶正也 ○乞叶豈求｜ 泣淚也 綌麤葛 詰問也 郗地名

又姓隙釁也○失傷以切錯也室房也濕不乾也識知也釋捨也適往也式

法也飾裝｜奭盛也襫襏｜蓑兩衣拭潔也軾車前軾○即將洗切就也唧

虫鳴鯽魚名跡足｜泚水潸積累也積襞也蹟不循道也勣功也借假也脊背也

踖蹴｜恭而不自安貌績緝也稷非土無以生非無以見生效蹐跼｜迹足｜○必

叶彼然也畢終也篳藩落碧深青色蹕止行人壁墻｜璧圭｜躄跛｜甓瓴敵

逼迫也愊悃｜至誠○尺叶耻度名赤南方色勅書｜天之命鶒鸂｜叱呵｜

也⿰口埶嗢也斥開柘也咥笑也○吸叶喜入息肸響布也汔水涸虩恐懼貌

闃閑也⿰赤欠笑聲⿰忄赤心不安也欯笑也翕合也檄符｜覡女曰巫｜○的叶底端｜

滴涓｜鏑矢鋒鏃嫡正室曰｜靮馬韁蹢蹄也扚引也○剔叶躰解骨趯跳貌

中州音韻　十七

踢跌|獸名 惕怵|憂也 倜|儻 滌洗也 ○北邦每切朔方 筆|翰 ○得當忒

切凡求而獲皆曰| 德道| ○則滋美切法| ○忒他美切差也 𢭐拳打也 慝

惡也 ○克康黑切能也 尅損削也 刻|鏤 ○國叶鬼邦| ○黑亨美切黓色

○壹叶以專一 一數之始也 乙甲|

去聲

智張世切心有所知也 躓路| 置設也 制節也 製裁也 致極也 識|其政事 猘狂犬

鷙猛鳥也 摯握持 鱓酒釃 緻密也 幟旗也 熾火盛也 ○滯長世切凝也 彘

豕也 值遇也 稚人物幼小皆曰| 雉翬翟 峙峻|竚立也 治理效也 痔隱瘡 植

種也又奋器 遲待也 ○記江異切誌也 計筭也 寄寓也 繫結也 髻挽髮 季少也

既盡也鱖魚名冀欲也驥良馬縊自盡薊地名覬丨覦希幸也妓女樂忌畏也

繼紹也○技强異切百工丨巧芰菱也騎馬軍曰丨[⿰月奇]肉四丨偈武貌伎丨倆

巧也洎潤也○閉邦謎切掩也祕密也庇丨廕蔽障也賁飾也又卦名嬖便幸

柲戈戟柄也○陛旁謎切階也笓次也又竹器弊敗也幣束帛斃頓仆也髲

鬄也婢女奴也痺封象有丨薜丨荔香草贔丨屭作力貌臂肱也鼻面之中避

廻也比卦名○譬滂謎切諭也屁泄氣○祭精細切丨祀至也霽雨止際邊也

濟渡也○薺青細切甘菜名鮆刀魚劑分丨眥目際○涕湯利切鼻液替代也

屜履中薦也鬀鬋髮○帝當利切丨王君也禘祭名締結不解蔕根丨螮丨蝀

虹也諦審也○地唐利切土丨也第丨宅弟但也悌愷丨遞迢丨遠也棣車下木

中州音韻　二

娣丨姒睇小視○戲興計切謔也屭贔丨係統屬也繫世丨系繼也徯根足

嬉可丨美姿顏也禊祓丨除惡祭名餼牲腥曰丨欷泣餘聲○吏郎帝切所使者利

丨澤也離相去也麗美也莉茉丨花名儷偶也隸附屬也戾乖也荔果名也

唳鶴鳴例或曰伶例悷懍丨悲貌厲嚴正也詈罵丨痢瀉丨下也蒞臨也礪砥石

也劙割也沴妖氣癘疾疫濿褰衣渡水勵勉也捩琵琶撥也蠣蚌屬例比也盭

綁也○意應計切志丨心所嚮也翳隱也蔽也懿美也易丨不難也衣着衣也饐

飯傷敗溼劓刑截其鼻乂治也刈割也詣造也至也羿古射師異奇也分也曳引也

瘞埋也餲食敗誼善也枻檝也藝才伎也毅剛丨有立也義理也議謀也裔

胄也睨睥丨也斜視貤重物次第○氣區意切元丨也器皿也棄捐也弃同上憩息也

亟數也 契券也 揭褰裳涉水曰｜ 跂垂足坐 ○ 殢寧計切滯也 膩肥｜ 泥執不

通也 ○ 未志閑切猶｜也 味滋｜也｜ 咊五｜子藥名 ○ 沸方閑切泉湧也 費耗也

廢弛也 肺金臓 吠犬鳴也 蕟蘧篨別名 廢蘆｜ 誹言急 芾蔽｜小貌 茀福也 ○

切青細切衆也 妻以女嫁人曰｜ 砌階甃也 ○ 細桑隮切小也微也 壻女夫曰｜

○ 袂迷閑切袖也 謎隱語也 ○ 背邦妹切負也又脊背 輩等也 狽狼狽 偝母｜

立 貝海介虫 焙熇也 俻具也 軰與輩同 被及也 倍部｜惡戾之言物相二曰｜

○ 珮傍妹切玉｜ 佩同上 悖亂也 誖言亂 琲珠五百枚 ○ 配滂切切合也 佈

顛｜什也 沛郡名 霈霶雨｜貌 帔君衣｜ 披持棺者 轡馬韁也 珮大帶也 旆

旗 ○ 檜光畏切木名 儈牙｜ 鱠魚｜ 獪狡也 澮水注溝 桂木名又姓 襘⿰衤每也

媿慚也 會計也 貴尊也 跪拜| 膾細切肉 櫃篋也 饋餉也 餽貽也 ⿰扌會取也 ○ 世申智切三十年為一| 勢權| 逝往也 誓約信也 貰賒也 ○ 渭汪貴切|水名 胃穀府 蝟虫也 ⿰魚胃魚名 魏國名 緯經曰| 位正也 為緣也 衛捍也 餧飼也 謂與之言也 尉候也 慰安之也 畏怖也 穢汚也 ○ 匱狂位切竭也 饋中| 蕢草器 蕢上籠 餽貽也 跪拜| 綴之睡切聯也 贅以物質錢 錣當作餟 ○ 酹叶雷去聲以酒沃地 耒|耜 累縈也 淚目液 擂鼓| 類等也 纇絲節也 ○ 墜重睡切隕落 硾鎮也 縋以繩垂物 槌哭奔薄柱 膇重鎚下腫 ○ 妹忙背切女娣 昧|爽 媚奻| 瑁瑇|龜屬 魅精怪 寐寢也 昧目不明 ○ 吹充瑞切噓之也 毳細毛 喙口| 出|之也 惴憂懼 ○ 稅師贅切征|租也 蛻蛇蟬解也 說以言諭人 帨帉|佩巾 睡

生寐瑞嘉祥符應曰|○芮而贅切水涯枘木耑銳利也蜹醯雞叡深明通達○

碎桑醉切細|也睟周時也祟神禍也歲年|粹|純也誶請也○醉臧遂

切爲酒所酣曰|最優也檇地名罪愆也○遂辭醉切成也粹純|彗埽竹也

燧火燧邃深遠也穗禾穎隧墓道○悴叶翠顦|脆易斷也倅副車翠鳥名

顇顦|焠堅叙刃淬染也萃聚也○誨荒貴切曉教也晦月盡也諱隱也靧

滌也賄財也○會胡貴切聚也潰亂也匯水回合闠市外門瞶目疾繪畫文

惠仁也蕙似蘭而香慧性通解也嘒小聲恚怨恨也[illegible]不悅○退他累切卻也

蛻蛇蟬○對當累切荅也碓舂具敦器名○內囊對切中也○兊廣累切猶

聚也隊群也懟怨也

中州音韻 二十

入作去聲

日人智切太陽　馹驛傳　○逆銀計切不順也　溺沉沒　嗌嘔丨　奕圍棋也　匿藏也

弈美貌　斁厭也　疫瘟丨　譯傳四夷之言　掖丨庭也　液津丨　射無丨九月律　逸

超也　役使也　溢滿丨　翼宿名　繹理名　鷁水鳥也　域邦也　腋肘丨　翊輔丨　軼侵也

鎰二十四兩為丨　弋繳也　亦又也摠也　易周丨　一數之始也　驛馬丨　揖拱丨　益增也

浥漬也　憶念也　邑都丨　佾舞行列　○勒离妹切馬鑣銜　肋脅幹　鰳魚名　扐筮者

著著指間　泐凝合也　○劇強義切戲也　屐木屐　○笠郎帝切箬丨　力筋丨　栗

果名　篥觱丨胡樂　慄惧也　曆丨數　瀝滲也　靂霹丨　櫪牛馬皁　礫水石曰丨　轢車踐

粒米顆　立置也　歷冪丨　[illegible]劙開也　癧瘰丨　皪的丨白貌　歷經也　○密忙背切靜

也墨膠煤為之默靜也○宻忙閉切祕也覔求也謐安也宓止也蜜蜂糖○

蔔蒲妹切簷|僰犍為蠻夷王制屏之遠方

魚模

平聲

魚移居切鱗物漁捕魚虞有也愚戇也隅陬也禺猴屬榆白|臾須|腴腹下肥也萸茱|諛諂|舁對舉窬門邊小竇盂盤|竽管二十六簧余我也又姓予我也餘賸也妤婕|婦官與舒泰貌踰越進也歟嘆辭璵璠|愉悅也歈巴|歌也雩祈雨祭名㥚憂也瘉病也俞然也瑜美玉嵎山名玗玉名逾越也輿車也覦覬|欲得也畬三田歲也毹氍|毛席亦音書渝變也譽稱美也旟鳥隼為|

中州音韻　三

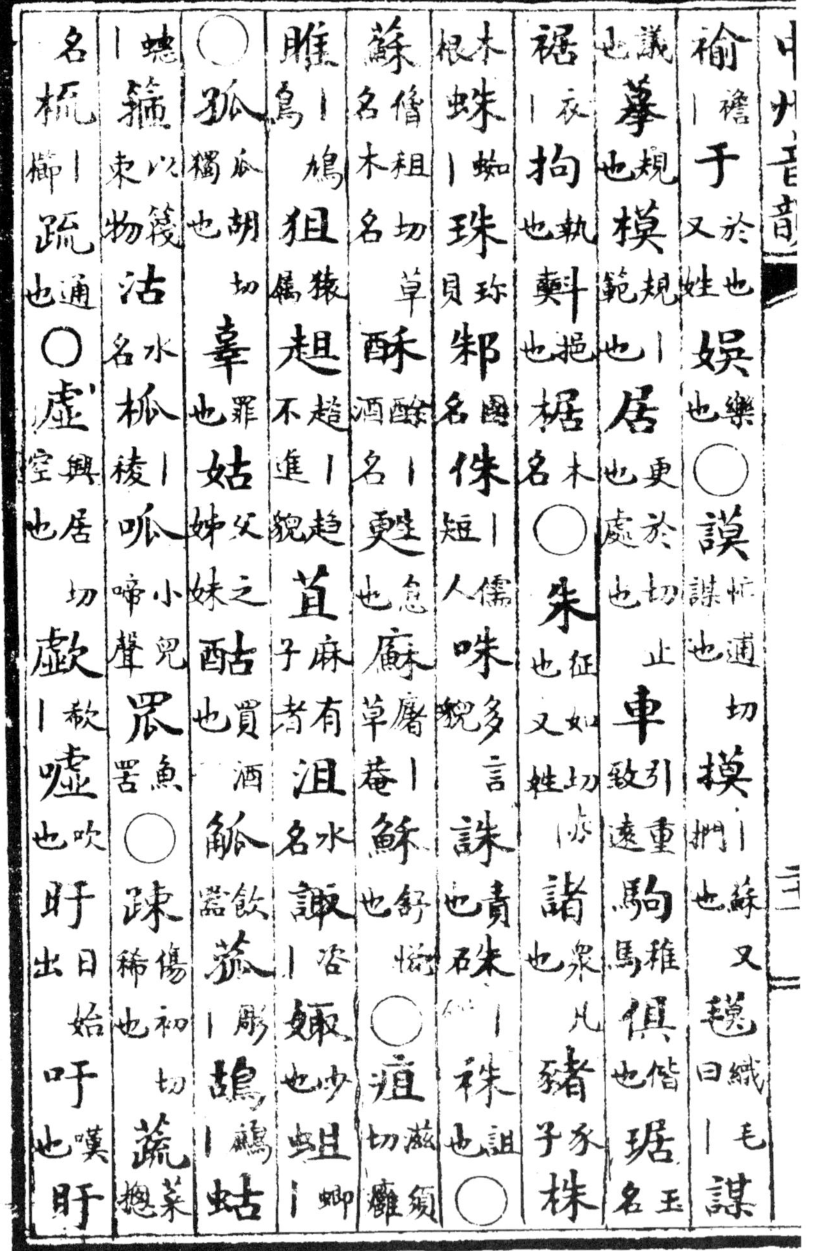

褕襜｜于於也又姓娛樂也○謨忙逋切謀也摸｜蘇又捫也氁織毛曰｜謀
議也摹規也模規｜範也居更於切也處也止車引重致遠駒稚馬俱皆也琚玉名
裾衣｜拘執也㪺挹也椐木名○朱征如切赤也又姓｜諸衆凡也豬豕子株
木根蛛蜘｜珠珎貝邾國名侏｜儒短人咮多言皃誅責也殊｜袾詛也○
蘇僧租切草名木名酥酴｜酒名甦息也⿸广穌磨｜草菴穌舒悅也○疽滋須切癰
雎｜鳩鳥狙猨屬趄趦｜趦不進皃苴麻有子者沮水名諏咨｜娵少也蛆蝍｜
○孤瓜胡切獨也辜罪也姑父之姊妹酤買酒也觚飲器菰彫｜鴣鷓｜蛄
螻｜⿱𥫗疏以篾束物沽水名柧｜棱呱小兒啼聲罛魚罟○踈傷初切稀也蔬菜摠
名梳｜櫛疏通也○虛興居切空也歔欷｜噓吹也旴日始出吁嘆也盱

張目也 訏大也 ○ 騶倉須切車驅而｜ 蛆蝍｜ 趨走也 ○ 枯空乎切槁也 刳
剝也 侉怯也 ○ 都憲盧切捴也 闍闉｜城上重門 ○ 晡巴謨切日加申時 逋逃也
餔食也 ○ 廬郎居切舍也 閭里門｜ 櫚栟｜ 驢馬類 蔞蒿｜ 臚皮也陳也 藘
茹｜精｜ 櫖山櫑 ○ 如人朱切似也 儒有道術皆曰｜ 襦短衣 茹恣也 ⿸鹿需鹿子 鴽
鴿也 嚅囁｜多言 懦駑弱 濡沾也 ○ 無忘逋切有｜之對 亡｜所不為 毋禁止勿為
之辭 蕪荒也 巫巫覡又姓 誣詐也 无虛｜ ○ 徒唐盧切步行也 塗泥也抹也 屠
殺也 荼苦｜ 圖謀也 駼騊｜獸名 菟楚人謂虎於｜ 途路也 酴酒名 ○ 奴農都切｜
婢 孥子也 駑｜駘下乘 笯鳥籠 帑金幣所藏 砮石可為矢鏃 ○ 盧龍都切葦屬
盧黑也 顱首骨 鱸魚名 爐火牀 瀘水名 ○ 壚酒｜ 艫舳｜舟名 纑布縷 轤｜轒

汲機○書商朱切紀也舒伸也輸勝負為|贏紓緩也毹溫室毹地毹毛氍|席

○殊繩朱切異也茱萸|銖十黍重曰|殳擊也○樞昌書切戶|姝美好

攄舒也發也摴|蒱入胡作老子貙獸似狸樗惡木也○渠求於切大也磲

砷|石次玉蘧||然有形貌籧|篨竹席衢街|臞瘠也癯同上瞿鷹隼視劬

疲勞鸜|鵒蕖芙|荷花璩環|屬○須思疽切斯|也鬚在口下曰|胥相也需

卦名湑頭|諝有才智稱繻裂繒○於依居切即也迂遠也紆詘也淤泥澱○

除遲如切階也滁水名躇躕|猶豫篨蘧|竹席廚庖屋幮帳也蜍蟾|蝦蟆也

儲副也貯也屠休|匈奴王號躕踟|行不進貌○區丘余切分也小室也墟大也驅

逐也嶇崎|軀身也祛禳却也敺與驅同○徐祥沮切緩也羭野羊○初

窓疎切始也 芻 芟草又牛羊曰| ○ 鋤 出疎切耕| 雛 鵷| 鉏 助也誅也 ○ 扶
房逋切|持佐助也 符 |契 夫 發語辭 鳧 野鶩 蚨 背|虫又青| 䟔 大風 浮 溢也 蜉
蚍|大螘 巫 |峰 芙 |蓉 ○ 敷 方逋切布也 夫 大丈| 孚 信也 桴 屋棟 趺 足背
同上 麩 麥皮 俘 囚也 玞 碔|次玉 膚 皮也 不 不然也 枹 擊鼓杖也 稃 稻再生
殍 餓死者曰| 郛 郭也 莩 花盛 鄜 |州 鈇 斧也 ○ 蒲 旁模切草名又地名 酺 飲酒
作樂 蒱 樗| 莆 莆|縣名 又 匍 |匐 脯 或曰胸| 葡 或曰|萄 ○ 胡 華姑切何也
乎 疑辭 壺 酒器 狐 妖獸 餬 饘也 醐 醍|酥屬 葫 |瓜又草名 鶘 鵜|水鳥 瑚 |璉
宋廟器 弧 木弓 糊 粘也 湖 大陂又江湖 瓠 瓢也 衚 |衕 ○ 吳 五姑切大言也 吾
我也又姓 梧 木名 鋙 鉏|之劍 鼯 飛生鼠 娛 樂也 浯 |溪在零陵郡 鋘 錕|山出金

○呼荒姑切喚也　滹丨沱水名　膴無骨腊　謼大叫　戲古文呼字　○烏蛙孤切語

辭也　惡安也　杇塗鏝器　洿濁水不流　污同上　嗚丨嗚　於丨呼嘆辭　○麤食蘇切物

不精也　粗精丨　麤疏也　○鋪滂模切設也陳也　誧謀也　痛病也　○租臧蘇切田

稅　蒩茅丨藉封諸侯用之　○徂藏蘇切往也　殂歺也

入作平聲

熨叶於火展帛也　育養也　棈車覆闌也　○局其余切曹也　跼丨强便戾貌　[illegible]豖丨

地　○俗詞沮切習也　續繼也　○術繩朱切方丨　述譔也　蜀巴丨　屬隸也　贖

貿也　塾家有丨　孰誰也　熟成也　淑善也　○躅成如切蹢丨行貌　术藥名　秫稷之

粘者　○獨東盧切單也　髑丨髏　讀誦丨　瀆溝丨　匵匵也　牘書板　犢牛也　突觸犯

堗竈也　毒亭｜化育也　纛皂｜軍中大旗　篤實也　督家｜陶朱長子　○斛[illegible]姑十斗曰｜

鵠黃｜　觳｜觫懼貌　槲木名　鶻鷹屬　○族從蘇切宗｜聚也　○卒兵也　○

鏃聰蘇切矢鏑　蔟聚也　○僕邦模切給事侍從者　曝日乾也　濮水名又姓　匐匍｜伏也

孛悖氣也　敦色變　幞帊也　暴顯示也　瀑飛泉　○伏房夫切偃也　服衣也

復返也　鵩鴞屬　𨏔車具　茯｜苓　袱或曰包｜也　○佛房波切西方神名　○杌吳姑切木無枝

兀高貌　矹硉｜石崖　扤搖動　䑰舡不穩　○逐長如切追也　軸卷｜

車｜　○核胡姑切果中實

上聲

雨余矩切陰陽和為｜　敔樂器　圉養馬者　圄囹｜　齬齟｜　羽毛也　禹舒也　語論也

宇氣｜也與施｜庾倉｜鋙鉏｜予賜也斞量也○呂郎矩切姓也旅師｜

侶伴也膂脊骨縷絲｜又藍｜謱覶｜委曲也僂傴｜屢數也○主張汝切掌

也拄支也麈麋屬渚小洲曰｜煮烹也○汝穰主切爾也乳湩也籹粔｜蜜餌

女汝同○鼠傷主切虫似獸善竊暑蒸熱黍早熟禾也○杵昌汝切臼也處居｜

褚綿絮裝衣曰｜楮木名皮可為紙○醑須取切酒也嶼山在水中湑露貌○許

虛矩切與也詡和也珝玉名栩木名煦烝也喣烝也○女尼矩切未嫁為之｜○

咀趨字切咬｜嚼也沮止之也○淤於舉切擊也窳苦｜器不中也愈進益也

○舉居雨切扛也莒草可為繩筥箱也矩法也櫸木名踽｜｜有威儀○去

叶區上聲徹也○取叶趨上聲索也○甫叶敷上聲大也脯腊肉腑臟｜府官｜父

尊稱也 撫安也 腐爛也 否弗也 缶瓦器 黼白黑相次 簠簋｜ 斧鉞｜ 俯俛也 ○

武叶無上聲文武威也 舞歌｜ 侮慢也 鵡鸚｜能言鳥 碔｜砆石次玉 珷上同 廡

堂下周廊 ○ 覩叶都上聲見也 睹博賭 堵垣｜ 土圍｜獄城也 ○ 祖叶租上聲始也

珇美好也 組印綬 ○ 數叶疎上聲計也 所處也 ○ 楚叶初上聲甚｜ 礎負楹石

憷痛也 濋水也 ○ 俎之所切祭器 岨嶮｜ 詛呪也 阻隔也 齟｜齬 ○ 畝叶模

上聲步百為｜ 母父｜之｜ 姆女師 牡牝｜ 某｜甫代名 姥女老稱 拇大指 莽宿草

○ 傴叶於上聲｜僂 嫗老婦之稱 噢｜咻痛念之聲 ○ 土湯魯切｜地 吐出也 稌

沛國呼稻為｜ ○ 魯即堵切愚也 滷鹺液 鹵｜簿 虜獲也 櫓大盾 擄｜掠也 艣

似櫱而長 擼搖動 ○ 古公五切遠代久也 鼓革音之器 瞽目有瞙而死明曰｜ 罟網也

估市税又論價也 賈坐販曰丨 股髀幹 詁訓丨 牯牡牛 羖羊牡 蠱卦名事也 ⿰羊古與羖同

○塢汪古切山河也 伍行丨 午旁丨分布也 作偶敵 迕逆也 鄔縣名 五中數

○虎荒古切猛獸 滸水涯 琥瑞玉 戽丨斗 ○弩囊堵切弓丨 砮石箭 努用力

也 ○苦匡五切困悴也 楛濫惡也 ⿱竹苦竹名 ○普滂母切偉大也 溥廣也 圃種菜曰丨

浦水濱 ○補邦母切綴衣也 丨 譜籍錄 圃園丨

入作上聲

足臧醑切趾也 ○蹙叶取迫也 促催也 ○卒叶祖終也 捽擊也 ○澳於舉切隈厓

鬱香草人氣也 蔚茂也 熨火展帛也 ○矗叶楚直也 觸觝也 ○粟叶須上聲穀丨

剝細切 宿止息也 肅恭欽也 戌辰名 恤愍也 ⿰扌肅擊也 ○速叶蘇上聲疾丨

蔌菜茹揔名觫觳｜懼貌餗鼎實簌篩也○縮叶暑收也退也叔｜季也蹜足追
也倏忽｜俶厚也菽大豆也束縛也諔起也○族叶粗上聲聚也簇小竹也
卒急也焌火燒亦火滅也○福叶府善也腹｜肚厚也幅布帛廣也蝠蝙｜伏翼也
覆反也拂拭也紼繫印組也髴髣｜紱印組黻衮冕芾草木盛也復重也○
菊音矩秋華掬兩手捧物𩛠饘也鞠推窮也踘蹴｜蘜精也秋華也鞫窮理罪人
鵴桔｜布穀橘果名獝狂也屈姓也譎｜詐○屈丘雨切拗曲蛐曲蟮也曲不直
麴酒媒○祝叶主巫｜燭蠟炬也粥糜｜筑似箏十二絃竺天｜西域國名築
擣也竹｜木也囑託也○旭叶許日旦出貌頊敬謹貌勗勉也畜養也洫｜深
也○出叶杵｜入也黜貶斥畜大｜小｜卦名蓄積｜聚也怵悽愴也觸觝也

○屋叶塢舍也 沃灌也 兀臬丨不安 ○哭叶苦聲曰丨 哀大 酷苛虐 窟孔穴 ⿰骨力用力也 ○谷叶古山丨 穀百丨揔名 轂車丨 梏手械 汩涌出又亂也 骨肉之覈也 告啟也丨 峪大阜 ○禿叶土無髮也 誘詖丨狡也 ○撲叶普打也 醭醋生白丨 ○忽叶虎滅也 笏手版 寤睡覺 惚恍丨 熇炎氣熱也 ○篤叶堵厚也 督董也 咄呵也 柮榾丨短木 启尾丨窾 ○卜叶補丨灼 不丨然也

去聲

芋叶俞去聲草根可食 御侍也 禦打也 遇相逢也 裕饒也 喻告也 諭曉也 寓託也 雨自上而下之曰丨 豫逸也 預安也 譽稱美也 蕷山藥 嫗老婦之稱 馭使馬 欲情也 轝兩手對舉之車 籲呼也和也 齬齒齵 ○鑄張恕切鎔丨 炷燈丨 蛀虫丨 馵

馬後左足白註訓釋也注灌丨也駐止馬宁門屏之間苧草可織布佇久立杼

機丨羜未成羊曰丨箸挾也住停手止也柱撐也翥飛舉也澍時雨也貯積也

竚與佇同紵麻丨著述也○句居遇切章句鋸刀丨詎豈也踞蹲丨據依丨

也屨草履也倨丨傲戄怖丨也巨大也具備也遽急倅也醵合錢飲酒拒

捍也距雞丨勮勤務居止也絇絲數○處昌恕切所也絮丨猶調也○絮叶須

去聲綿也敍叙次丨序庠丨漵浦丨緒絲端○恕叶書去聲仁丨庶衆也戍守邊

○樹尙注切生植之抱名也豎立也曙旦也署部也豎童僕未冠者○去區遇

切離也呿日開也○慮叶驢去聲謀思也濾漉去滓也鑢錯銅屢頻數也窶

貧無禮也○覷叶趍去聲同視趣向也娶取婦取索也趨疾也○孺叶如去聲稚也

茹食也乳育也○聚倉絮切會也墅田廬○付叶夫去聲與也授也傅相也賦
貢丨仆僵也副貳也輔弼也富豐於財也婦妻也負擔也阜厚也附寄也鮒魚名
賻助也訃告喪赴奔也焦大熟也腐朽也釜六斗四升也父丨母覆蓋也袝
合葬○妬叶都去聲爭也蠹蛀虫斁敗也杜空也肚腸丨○渡唐路切濟度
過也𢾞閉也土桑根白皮荰丨衙鍍塗金飾物○庫叶枯去聲貯物舍也袴脛衣○
作叶祖去聲造也做俗詛呪丨○胙祭餘祚福祿也助佐輔也阼主階○
醋叶粗去聲酸也厝置也措處置也錯金塗謂之丨○布邦暮切陳也丨帛也怖
惶懼也抪布散也佈徧也○步旁暮切徐行簿籍也部署也篰牘也捕擒捉
也哺食在口也埠水陸皆通交易處○鋪滂暮切貫肆也誧謀也○惡汪故切憎

也堊全也污貪也○誤玉故切謬也悞同上欺也又寤寐覺悟覺丨晤明也

忤逆也○怒囊姤切恚也○兔湯路切獸名吐毆也○頀華故切大丨湯樂名

戶丨門也護擁全之也怙恃也岵山多草木祜福也冱寒凝瓠匏也扈跋丨猶強

梁也互差丨戽丨斗歒水器也○數叶踈去聲算丨疏調陳○務亡布切事務也霧

地氣上天不應戊辰名婺丨女星名瞀目不明鶩亂馳曰丨○暮忙布切日晚墓

墳丨慕思也募廣求莫與暮同○路郎都切道路鷺鷥丨露潤澤也賂遺也

贈也輅車也潞水名璐玉名○故光互切舊也錮鑄塞之也痼久病顧廻也眷也

固壁也雇傭也詁丨訓通古今之言也○足臧絮切丨恭便僻馬懼驕也○素桑故

切丨質訴告也塑丨像也泝逆流而上嗉鳥亢愬讚也遡迎也愫真情⿰王斥玉名

入作去聲

玉于句切寶| 浴澡身 育養也 郁文彧貌 獄犴|所以繫囚 欲貪也 慾情也淫也

鵒雊| 峪山名 蔚草名 ○入叶如去聲納也沒也 褥裀| 辱恥也 ○綠叶慮青黃

間色 錄撿束也 籙圖書 律萬法所出 繂綆舡上用 六陰數 陸高平曰| 戮刑也 [illegible]

將也 ○物叶務萬|也 勿毋也 ○鹿叶路獸名 漉滲也 祿福|也 麓山足 醁

醽|美酒 琭玉名 ○木叶暮五行三曰| 睦親也和也 穆順也 鶩舒鳧 沒盡也 目

眼也 沐濯髮 牧守養六畜 殁終也 ○訥叶怒言難也 肭膃|

皆來

平聲

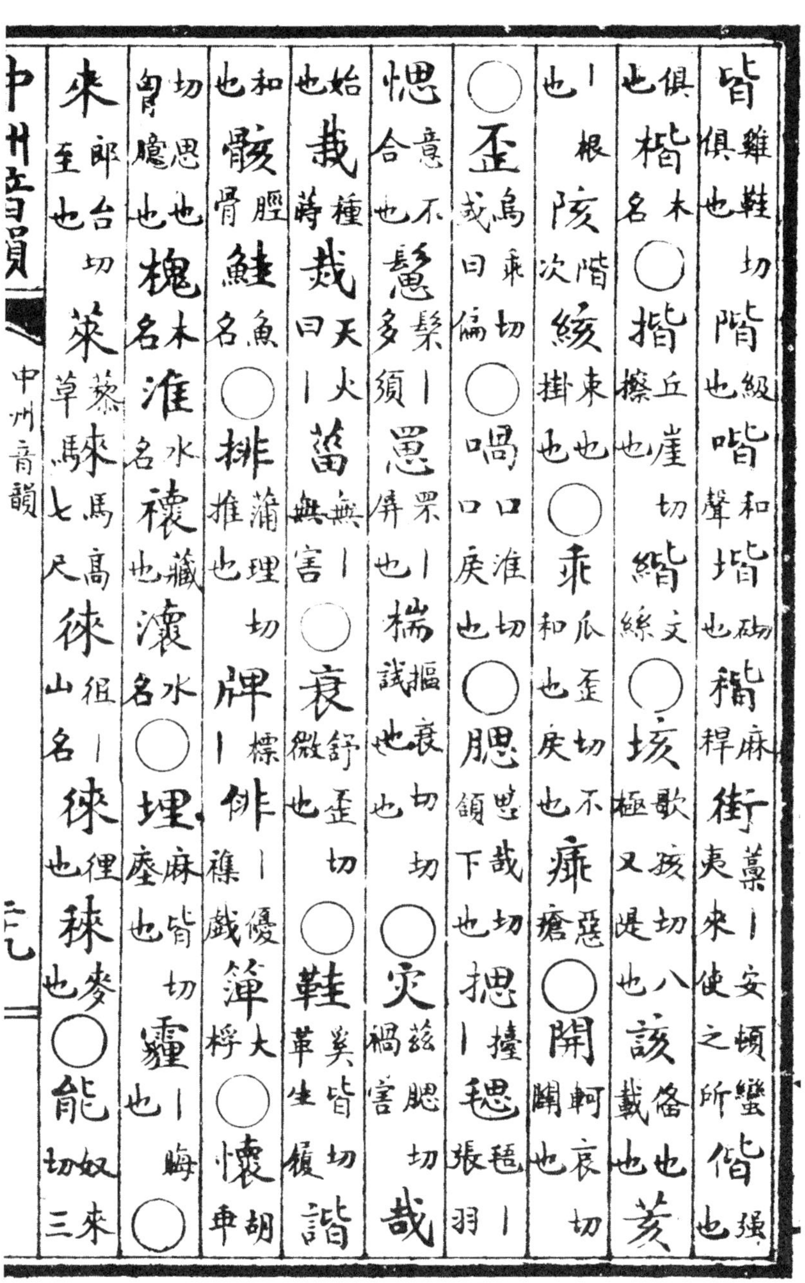

皆雞鞋切俱也　階級也　喈和聲　堦砌也　稭麻稈　街藁｜安頓蠻夷來使之所　偕强也俱也　楷木名　○揩丘崖切摖也　[糹皆]文緣　○垓歌孩切八極又堤也　該備也載也　荄｜根也　陔階次　[糹亥]束也掛也　○乖瓜歪切不和也戾也　[疒乖]惡瘡　○開軻哀切闢也　○歪烏乖切戉曰偏　○喎口淮切口戾也　○腮思哉切頷下也　揌｜擡　毸毰｜張羽　愢意不合也　[髟思]鬆｜多須　罳罘｜屛也　楒摳衰切切識也也　○災茲腮切禍害　哉始也　栽種蒔　烖天火曰｜　菑無｜無害　○衰舒歪切微也　○鞋奚皆切革生履　諧和也　骸脛骨　鮭魚名　○排蒲埋切推也　牌標｜　俳｜優襍戲　簰大桴　○懷胡乖切思也胷臆也　槐木名　淮水名　褱藏也　瀤水名　○埋麻皆切瘞也　霾｜晦也　○來郎台切至也　萊藜草　騋馬高七尺　徠徂｜山名　倈俚也　棶麥也　○能奴來切三

足驚○孩何孩切始生小兒頦頤也咳小兒笑貌○崖移皆切山|涯水際厓山邊睚日際捱俄延也○挨衣皆切推也○釵初柴切婦人岐笄也差擇|也簡也○柴池齋切薪也瘵瘦也豺狼屬儕等也祡|燎祭天○簁疎齋切下物竹器篩竹器也○搋抽埋切以拳加物也○榸之乖切枯木根○腂靈淮切|膗形貌惡也○膗池淮切腂|○咍他來切笑聲台天|山名駘駑馬鮐魚名邰地名胎婦孕三月也○才慈腮切|能也財貨也纔僅也裁製也材木挺又才之成也○猜茲腮切疑也○皚魚開切霜雪白貌敳理也○哀於開切悲也埃細塵毐人無行也唉切也娭藝也欸嘆也○臺徒來切四方而高曰|薹可禦雨即簑也擡|舉儓農夫之賤稱炱煤也苔蘚也薹夫須草懛|愷失志貌○齋莊皆

節潔也

入作平聲

白巴埋切西方色又潔也帛繒也舶海中大船鮊魚名○舴叶齋｜艋蚱叶蜢○

宅池齋切居也澤光潤也翟陽｜地名檡木名擇選也襗袴｜○獲胡乖切得

也劃剖也劃破也⿰忄畫乖戾也捇裂也掝皆也畫指｜分也⿰或刂力破○塞叶腮

窒也

上聲

蟹希解切螃｜駭驚也○解叶皆上聲散之也○買叶埋上聲市也蕒苦｜嘪

羊聲○嬭囊弓切乳母乃解之緩也廼同上俗○灑叶篩上聲汎也○矮叶挨

上聲短也不長○揣抽揚切度也量也⿰耑攴試也○枴叶乖上聲老人拄杖拐同上夬

易卦○海呵改切滄溟○醢肉醬○紿叶苔上聲絲縈難理○詒欺丨誑詐○唸言不正

駘丨蕩春色貌○凱叶闓上聲善也愷樂也鎧甲也塏高爽咳噫丨○⿰口臺叶台

上聲丨唸言不正也○擺逋買切撥也捭兩手擊也○改叶該上聲更也○宰叶哉

上聲主也載年也○采叶猜上聲取也綵繪繒彩文色也採摘也⿱髟采髻丨寀寮丨

官也○唉阿海切飽聲騃痴也○拏鋪買切攙丨丨物佸不肯也○靄叶哀

上聲雲集貌藹草木叢雜木乃款丨靉雲盛貌毐嫪丨秦人名○蒯枯枴切姓

也○楷溪駭切式也

入作上聲

伯叶擺長也又第三等爵曰｜百數名栢木名迫窘也檗黃蘗也擘分｜○㩷
升擺切領也捽手｜蟀蟋｜倅行貌○窄叶齋上聲狹也櫛梳也責誅｜簀
床棧幘冠｜摘手取側旁也昃日｜仄側傾謫罰也○色叶篩上聲顏｜索求也
瘷瘆｜寒貌擌鷸｜捕鳥揀｜擇取物鞕堅硬漈水名又漈｜雨下嗇慳積也濇
不滑嬙女子穡稼｜○客叶楷上聲賓客刻晷度曰｜○策叶釵上聲籌也折擊也
紴皺｜册簡｜惻愴也測度也[足冊]或曰蹋也筴｜笠栅竪木立｜○柏鋪買切柎
也魄魂｜珀琥｜劈剖也○格叶皆上聲式也骼骨｜隔塞也膈胷｜槅車｜
䈇竹笄革兵｜也○虢叶乖上聲國名摑打也馘截耳䂸｜破幗婦人喪冠嘓
口｜｜煩也○歹多乃切列骨之殘穿地捕獸

去聲

犗居拜切凡畜揵强者皆曰｜　戒警也　屆至也　界境也　疥瘡｜　廨官舍　解發也　誡

警勅之辭曰｜　尬尲｜行不正　芥辛菜　玠大圭　介大也　㤂無愁貌　○獬奚介切｜

豸似羊一角　邂｜逅不期而會　懈懶也　觧散也　澥渤｜海別枝　械器具　薤葷菜似韭

瀣沆｜　蟹螯八足　○債叶齋去聲負也　瘵病也　蠆峰｜　豸獬｜　祭國名又姓　廌

神羊　寨羊宿栖處　砦山居又木柵　眦睚｜舉目相忤貌　○帶當賴切紳也　戴頂荷

也　襶褦｜不曉事　怠懈也倦也　待俟也　代世也更也　黛眉｜　大小大之對　貸施予

隸睖｜不明貌　逮及也　靆靉｜雲貌　袋囊也　殆危也　迨及也　埭壅水為堰　○亥

杭蓋切長名　害傷也　妎妬也　噯｜氣也　○帥叶衰去聲將帥　○柰囊帶切果名

鼐鼎之絶大也　耐事｜　奈能如之何曰｜　能｜暑｜寒　○太湯賴切大也　泰通也

汰沙｜　態意也　貸施予　○蓋岡害切覆也　○丐乞也　槩平斗斛者　漑灌｜　○

艾昂蓋切草名可灸　礙妨也阻也　㤅創｜懲也　餲食敗　愛憐也　儗騃也　○外王恠

切遠也　聵聾也　○蔡倉賽切國名又姓　菜蔬也　寀｜寮官也　○賴郎帶切恃也顧

籍也　瀨水流沙上也　籟三孔樂器　癩疥也　賚賜也　睞盼｜旁視　徠勞｜也　○賣

忙拜切鬻物　邁行進也老也　譪誇誕　○隘羊解切陋也　捱或曰抵也　睚怒視　噫

飽出息也　唈不平聲　○瘥叶差去聲病瘵　衩衣｜　○拜邦賣切｜手｜至地　敗｜之

也　○敗旁賣切頹也毀也　稗草似穀　憊病也　鞴韋囊所以吹火　○派滂賣切水

分流　湃滂｜水聲　○曬雙債切暴也　殺削也　煞減也疾也　鎩長牙　灑汛也　○恠

中州音韻　三十二

光外切異也壞毀之也夬卦名○壞黃怪切物自敗諣疾言也○快匡外切稱

意噲咽也塊土丨蒯草名又姓○儈於怪切惡見○嘬抽怪切一舉盡臠○

載臧賽切承也再重也在存也○在叶才去聲所也○賽桑再切報也塞邊界

也簺行棋相塞曰丨○慨叶開去聲懔丨竭誠貌嘅嘆也愒貪也咳小兒笑貌欬

嗽丨

入作去聲

陌叶責阡陌貊蠻丨佰一百為一丨也麥丨金金王而生火王而死脈血丨驀越也[illegible]

駞丨驢父牛母墨膠煤為之○額叶崖去聲顙也厄阻難也災也搤持也握也○搦

囊帶切

真文

平聲

真遮人切｜偽之反珍寶也振舉也甄陶也鏔鼓敲謂之｜瑱玉充耳○新
斯津切對舊之稱薪柴也辛苦｜信誠信慤實也○賓巴民切客也鑌｜鐵為刀
甚利濱水際彬文質雜半斌上同邠州名繽｜紛雜亂之貌豳周始封國○津費辛
切渡水璡石似玉濜氣之液也○諄朱純切懇誠貌迍｜遭肫面權也屯卦名
窀｜穸下棺衠或曰純也淳沃也○巾難銀切蒙首衣釋名｜謹也斤十六兩為｜
筋骨絡釿｜鋸制馬○君居雲切｜者群也群下歸心均平也鈞三十斤皸凍裂
也麕鹿屬軍｜旅○尊滋孫切貴也遵循也樽酒器罇上同僎鄉飲酒禮輔主

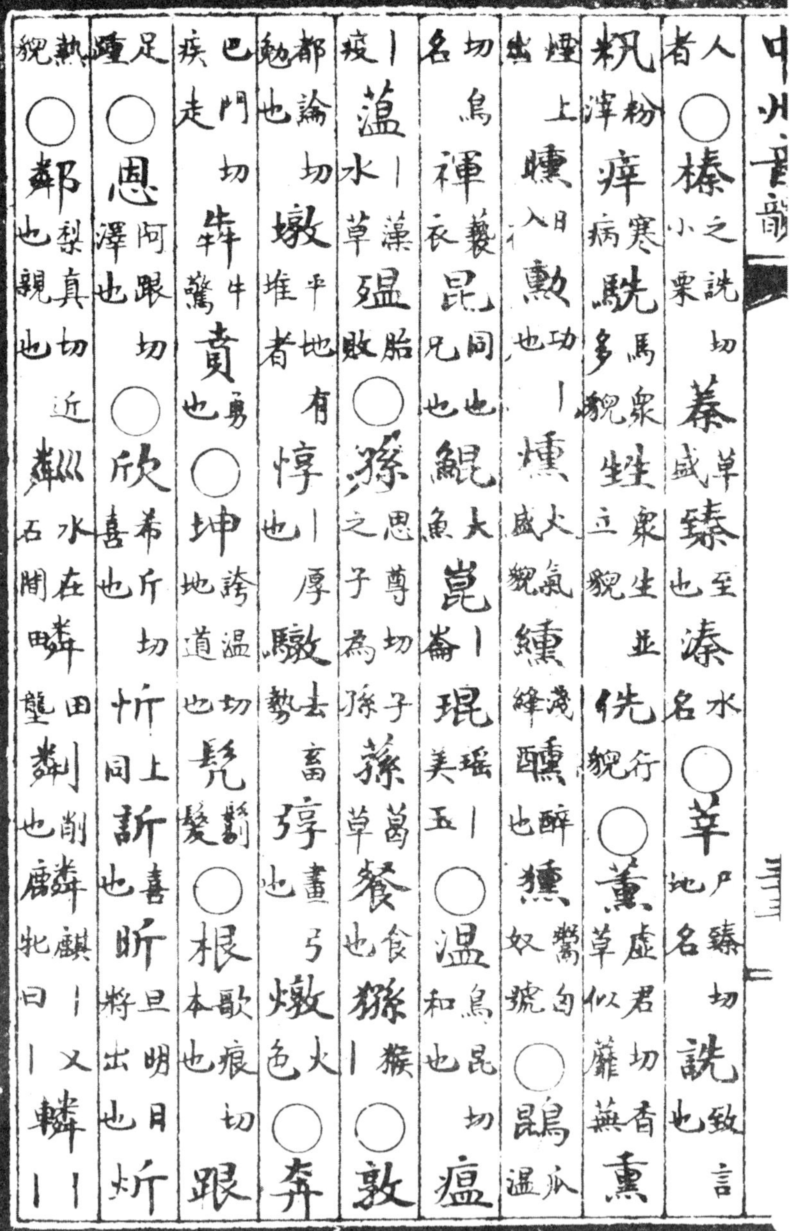

中州音韻

人者 ○榛 之詵切小栗 蓁 草盛 臻 至也 溱 水名 ○莘 尸臻切地名 詵 致言也

籸 粉滓 ⿸疒辛 寒病 駪 馬衆多貌 甡 衆生竝立貌 侁 行貌 ○薰 虛君切香草似蘼蕪 熏

煙上出 曛 日入 勳 功丨也 燻 火氣盛貌 纁 淺絳 醺 醉也 獯 鬻匈奴號 ○鵾 爪温

切名 烏 褌 褻衣 昆 同也兄也 鯤 大魚 崑 丨崙 琨 瑤丨美玉 ○温 烏昆切和也 瘟

丨疫 薀 丨藻水草 殟 胎敗 ○孫 思尊切子之子為孫 蓀 葛草 飧 食也 猻 猢丨 ○敦

都論切勉也 墩 平地有堆者 惇 丨厚也 驐 去畜勢 弴 畫弓也 燉 火色 ○奔

巴門切疾走 犇 牛驚 賁 勇也 ○坤 誇温切地道也 髡 鬀髮 ○根 歌痕切本也 跟

足踵 ○恩 阿跟切澤也 ○欣 希斤切喜也 忻 上同 訢 喜也 昕 旦明日將出也 炘

熱貌 ○鄰 梨真切近也親也 粼 水在石間 疄 田壟 𠜎 削也 麟 麒丨又牝曰丨 轔 丨丨

衆車聲　鱗魚甲　燐野火　璘玉文　嶙｜峋　○貧昆民切無財日｜　頻數也　顰｜眉
賓也　嬪｜婦也　嚬笑也　瀕水厓　蘋大萍　䎙飛貌　○民迷賓切衆萌也　珉石似玉
緡錢貫也　閩東南越　旻秋日｜天　岷山名　○裠渠雲切下裳　群衆也　○人
如真切天地｜三　仁愛人利物謂之｜　○倫馿敦切次序也　淪沒也　輪車｜　掄擇也
綸絲｜　○勤其寅切勞也　懃慇｜　芹楚葵　○門麻奔切合兩戶謂之｜　捫撫持
也　璊玉色赤也　○論盧敦切說也　崘崑｜　○文無奔切｜章也美也　汶粘濇　紋
綾｜　蚊齧人飛虫　聞耳受聲　○因衣斤切由也　茵｜褥　姻婚｜　湮沉也　殷
盛也　禋祭也敬也　堙塞也　氤｜氳氣貌　慇｜懃　闉｜闍　○寅移中切辰名　夤緣連
也　銀白金　垠岸也崖也　齦齒根肉　誾和悅而諍　嚚愚也　鄞地名　○申升真切辰

名紳大帶伸舒也信屈丨身軀也娠妊也呻吟丨○嗔稱人切恚也瞋怒而

張目也○陳他人切列也塵鹿行揚土也臣事人也辰時也晨昧爽也宸

帝居○親妻辛切姻眷也○秦齊津切國名又姓螓虫似蟬篫或曰樂器○春

痴昏切歲之始椿木名輴載柩車○脣池論切口丨純粹也蓴滿蓑醇醲也厚也

淳淥也質也鶉鵪丨錞金丨以和鼓角瞤目動也○荀須雲切草名又姓詢洛也

峋嶙丨山貌恂信也○旬徐雲切十日為丨巡視行貌又遶丨馴擾也循丨丨次序

貌紃組丨紡纑○氳於君切氤丨氣貌奫水深廣縕紼也熅鬱煙○雲于均

切山川氣勻均也芸香草可辟書蠹云言也耘除苗闢穢沄水轉流貟益也筠竹膚

之堅質紜紛丨○分敷奔切與也紛緩也丨丨亂也芬丨芳氛丨祲妖氣饙一蒸

飯也 叁 掃弃之也 帉 巾也 ○墳 扶奔切 墓也 棼 複屋棟 焚 燒也 汾 水名 枌 白榆

蕡 草木多實 鼖 大鼓八面 ○昏 花昆切 冥也 睧 日暗也 婚 ｜姻嫁也 惛 心不明也 閽 守門

隸 葷 臭菜 ○渾 華昆切 濁也 魂 ｜魄也 餛 ｜飩 ○村 倉尊切 聚落 邨 上同

○存 藏尊切 在也 蹲 踞也 ○吞 拖根切 咽也 暾 日始出貌 啍 口氣 焞 明也 ○

神 蛇真切 靈也 ○豚 都崙切 ｜豕 屯 聚也 臀 腿臋底也 飩 餛｜ ○盆 蒲門切盆

也 湓 水名 ○噴 鋪門切 選也 歕 吐也 ○哏 可根切或同怒貌 ○痕 何根切瘢

也 鞎 車革前飾 ○囷 墟雲切 圓廩 箘 ｜簬竹名也 ○逡 蛆荀切 ｜巡却退貌 皴

皮細起也 踆 退也 ⿰夋兔 狡兔 ○紉 尼斤切 單繩

上聲

軫知忍切車後橫木　疹脣瘍　診視也　鬒稠髮　稹緻也又聚物　畛田閒道　紾軍衣

○忍裉軫切丨耐　○哂叶身上聲微笑　矧況也　○緊叶斤上聲丨急也　謹重也

槿木丨　瑾丨瑜美玉也　卺婚禮用之　○儘叶津上聲或曰盡也　○窘叶君上聲迫也

○菌區允切地蕈　囷圓廩　箘美竹　○隱叶因上聲蔽也　[illegible]車聲　磤雷聲　引導也

延也丨蚓蚯丨　尹治也正也　靷引軸　癮丨疹皮外小起　○閔叶民上聲憂也　敏聰也　泯

滅也　憫恤也　黽勉也　愍憐也　湣史記辴丨王　○準張允切均也　准平也　純衣緣

○允叶雲上聲信也　鈗兵器　狁獫丨　隕落也　殞殁也　○筍叶詢上聲竹萌　隼鷙鳥

簨丨簴　○蠢叶春上聲不遜也　賰肥也　偆厚也　蹖乖舛也　[illegible]駿馬　○品滂敏

切類也　○吻叶文上聲口脣邊曰丨　刎割也　抆揩拭也　脗丨合無際貌　○粉

叶分上聲米細也 ○忖叶村上聲度也 刌截也 ○本叶奔上聲根也 畚|盛土器 ○

損叶孫上聲減也傷也 ○穩叶溫上聲安也 ○衮叶昆上聲|龍衣也 鯀魚名也 輥

車轂齊等貌 惃|亂 滾水漾 蔉大束 ○悃叶坤上聲至誠也 閫門限也 壼宮中

道 齫|齦齒起貌 綑成就 稛成熟又捲衣 捆織也 ○狠呵懇切|戾也 ○懇

康狠切至誠也 墾耕田用力也 肯可也 ○腯穰准切豕曰|肥也 ○畽他本切|[illegible]行

無隅 康 ○撙叶尊上聲|節 ○囅叶嗔上聲|然笑貌 ○牝母畜或曰音品 ○肫

多圖切或曰腄貌

去聲

震叶真去聲卦名動也 振舉救也 鎮安也 賑賙也 陣行列 ○陣長認切同上 ○

蜃叶神去聲大蛤 腎水藏 慎謹也 ○進藏信切登也 晉卦名 縉丨紳 璡美王 盡

蝎也 ○盡藏信切上同 贐贈行財 ○鬢叶賓去聲額旁髮 殯黃塗 臏刖刑去膝

蓋胥 擯斥也 ○吝叶隣去聲鄙丨 燐鬼火也 藺莞屬又姓 磷薄石 躪踐也 悋慳也

蠎螢火也 ○醞於郡切釀也 慍怒也 蘊和也 縕枲也 韞包藏也 ○運叶雲

去聲轉也 韻音諧也 暈日月氣 殞殁也 惲謀也 鄆地名屬兗州 隕落也 員五丨

人名 ○舜書潤切虞氏號 蕣木槿 瞬丨日丨動 ○楯殊閏切欄丨也 順從也 ○閏

如舜切餘分附月也 潤澤也 ○覲其印切見也 靳固也 饉菜不熟日丨 近附也親也

○信喪晉切誠丨慤實也 顖項門 迅疾也 訊問也 燼火餘燭餘 ○刃叶仁去聲鋒丨

仞八尺曰丨 認辨識 訒難也 軔礙車輪木上 韌堅柔難斷 牣充滿 ○釁叶欣去聲

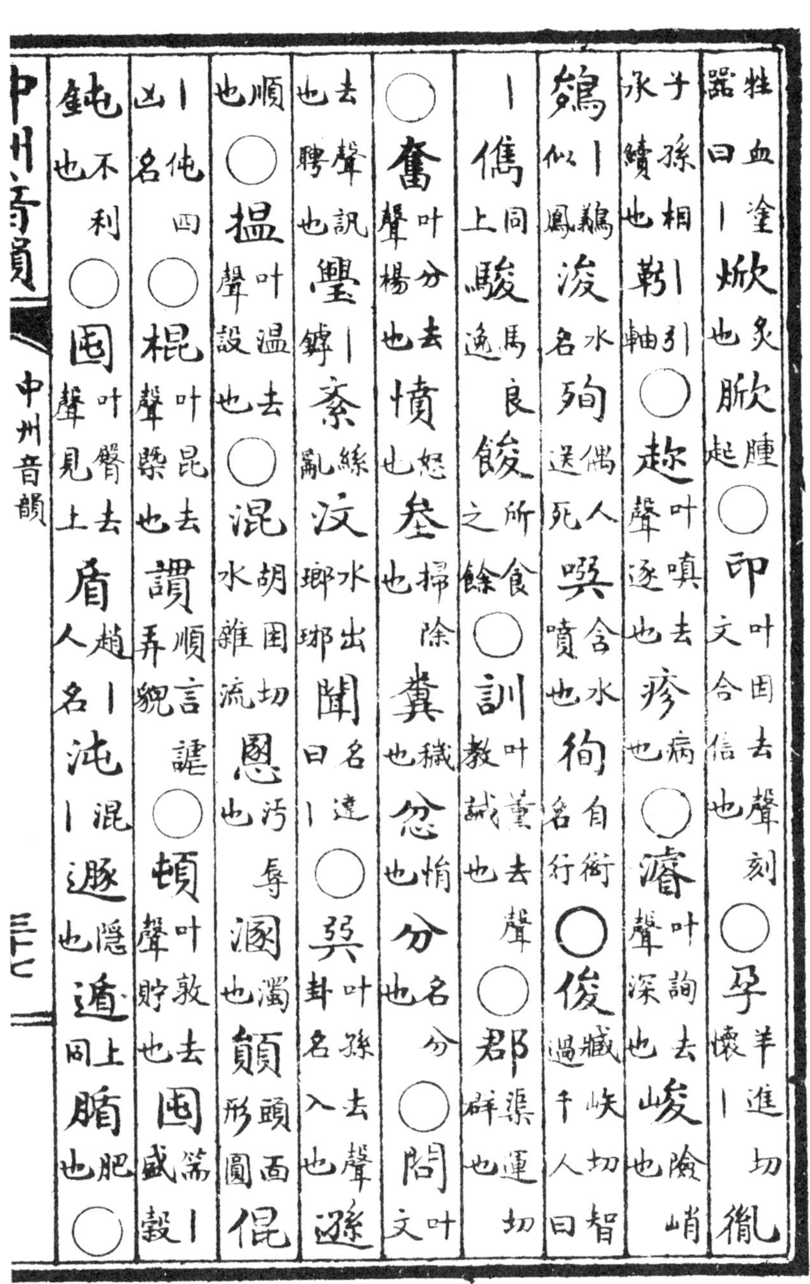

牲血塗器曰丨 焮炙也 脪腫起 ○印叶困去聲刻文合信也 ○孕羊進切懷丨 [illegible]

子孫相承續也 靷引軸 ○趂叶嗔去聲逐也 疹病也 ○濬叶詢去聲深也 峻險峭也

鵕丨鸃似鳳 浚水名 殉偶人送死 噀含水噴也 徇自衒名行 ○俊臧峻切智過千人曰

丨雋同上 駿馬良逸 餕所食之餘 ○訓叶薰去聲教誡也 ○郡渠運切辟也

○奮叶分去聲揚也 憤怨也 坌掃除也 糞穢也 忿悁也 分名分也 ○問叶文

去聲訊也聘也 璺鏬丨 紊絲亂 汶水出瑯琊 聞名達曰丨 ○巽叶孫去聲卦名入也 遜

順也 ○搵叶溫去聲設也 ○混胡困切水雜流 慁污辱也 溷濁也 頵頭面形圓 倱

丨伅四凶名 ○棍叶昆去聲槼也 諢順言謔弄貌 ○頓叶敦去聲貯也 囤篅丨盛穀

鈍不利也 ○囤叶臀去聲見上 盾趙丨人名 沌混丨 遯隱也 遁上同 腯肥也 ○

逩邦悶切或曰急走也　奔走丨　倴或曰與坌同蹐也　○坌滂悶切塵坌也　湓水聲　○

悶叶門去聲煩丨心懣也　懣煩也　○困匡悶切窮也　○嫩奴損切弱也　○寸

倉遜切十分為丨　刌斷也　○論郎頓切丨議也　○惛叶昏去聲不憭又迷忘　○諢

叶溫去聲弄言也　○捘祖寸切擠也　焌燃火　○恨何良切怨也　○艮叶根去聲

卦名　亘通也　○裉叶吞去聲卸衣又花謝也　○硍丘恨切石有痕曰丨　珢石次玉　○

襯初良切近身衣也　櫬空館　䞋丨施　齔毀齒　儭裏也　○噴滂悶切噀也

寒山

平聲

山師關切高大有石曰丨　删除削也　潸涕淚流貌　珊丨瑚珠也　○寒何干切寒暑之

對

汗可丨戎酋之称 邯丨鄲 翰羽也 韓國名又姓 ○丹多闌切赤色 單孤也薄也

癉火丨小兒病也 鄲邯丨縣名 簞丨笥小筐 殫竭也 ○安阿干切寧也 鞍馬鞍具

○跚思闌切蹣丨跛行也 珊瑚丨 ○干歌寒切求也 竿竹丨 肝木藏 玕琅丨 乾燥也

○閒笄閑切中丨 姦婬也詐也 奸訟也 艱難也 菅草名 ○看軻寒切視也

刋削也 靬弓衣 ○關爪還切扃也 鰥老而無妻曰丨 綸青絲綬 ○拴尸關切或曰縧也

擐開門幾 栓木釘也 ○班巴蠻切列也 頒布也賜也 斑文也 般還也

扳援也挽也 斒色不純 ○攀鋪蠻切引也 扳同上 ○慳溪閑切固也恪也 ○

赸之山切或曰走貌 ○蘭羅丹切香草 闌門丨 襴褊丨色不純也 瀾大波 欄木名

襴衫也 幱裳連衣 攔階際 ○還胡關切返也 環丨璧 寰天子封畿內縣 闤市垣

鐶指也 鬟總髮 湲孱｜水流貌也 圜圜｜ ○ 蠻麻班切南夷 鸞比翼鳥 ○ 顏

移閒切｜容也 ○ 閑攜閑切暇也 鷳鳥名 癇小兒癇病 嫺雅也 ○ 潺鋤佺切｜湲水

流也 孱懦弱也 [金孱]小鑿名 僝｜惡駡也 ○ 煩扶班切不簡也 樊｜籠也 礬｜石

繁多也 凡大熈也 燔炙也 蘩白蒿 帆幔也 墦冢也 膰祭餘肉 蹯走獸 蕃茂也

袢｜延熱氣 ○ 翻夫班切覆也 飜上同 番次也 幡｜布 蕃與蕃同 藩樊也籬也

旛旗也 轓車大箱 反平｜理正幽枉也 ○ 餐粗殘切熟食也 飡上同 籛｜笭 ○

灘他閑切水｜瀨 癱風疾 痑力極 坍｜塌 [扌炭]擊｜婉轉 攤開也市也 ○ 壇陀闌切封

土為｜ 檀木名 彈糾也劾也 癉風在手足病也 ○ 殘組閑切餘也凋傷也 戔傷也 ○

彎烏關切持弓關矢也 灣水曲 ○ 鼾臥息當作漢 ○ 儇呼關切謂輕薄巧慧之子 ○

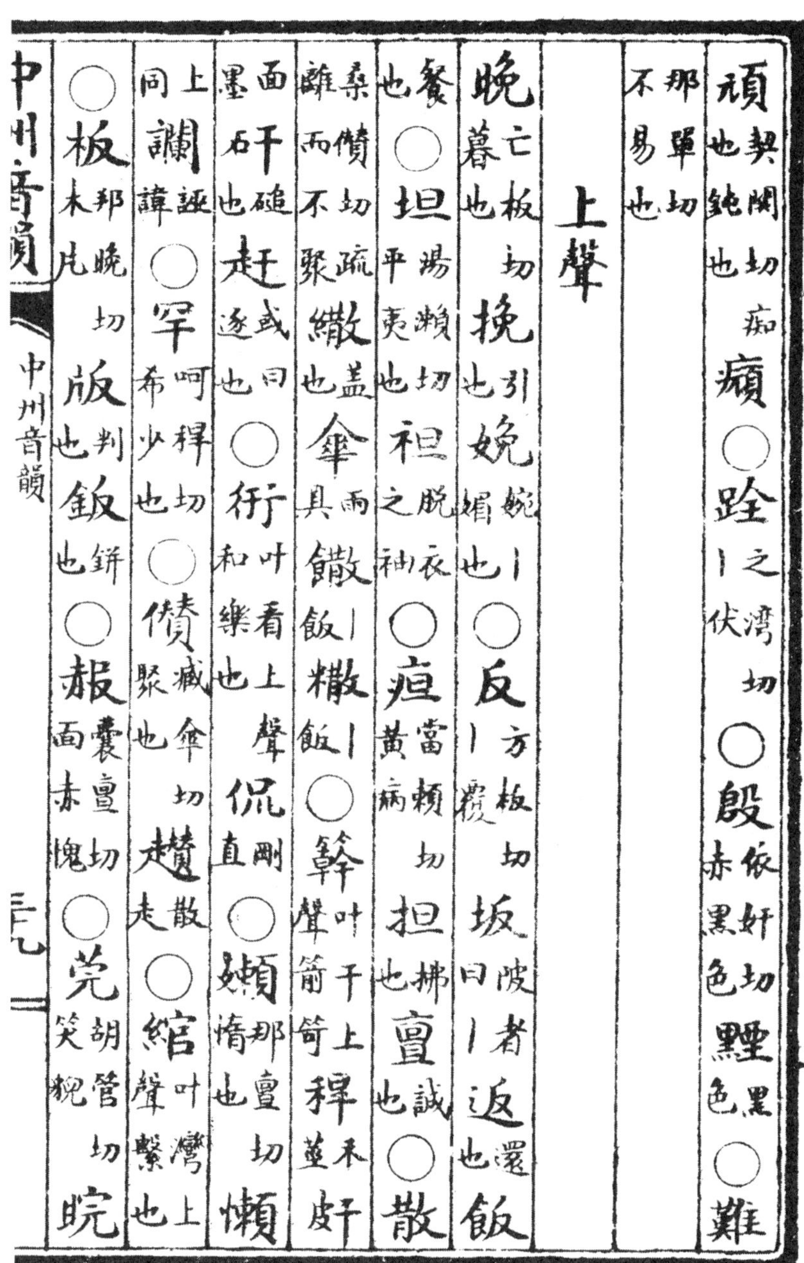

頑契關切痴也鈍也癲○跧之灣切丨伏○殷依奸切赤黑色黫黑色○難那單切不易也

上聲

晚亡板切暮也挽引也娩婉丨媚也○反方板切丨覆坂陂者曰丨返還也飯餐也○坦湯瀨切平夷也袒脫衣之袖○疸當賴切黃病担拂也亶誠也○散桑儹切疏離而不聚繖蓋也傘雨具饊丨飯糤丨飯○簳叶干上聲箭笴稈禾莖皯面墨矸磓也赶或曰逐也○衎叶看上聲和樂也侃剛直○嬾那亶切惰也懶上同讕誣諱○罕呵桿切希少也○儹藏傘切聚也趲散走○綰叶灣上聲繫也○板邦晚切木片版判也鈑鉼也○赧囊亶切面赤愧○莞胡管切笑貌晥

晛｜黃鳥 ○產瘡簡切生也｜葉也 摌以手挍物 鏟平木之器 剗削平也 弗炙肉也

○簡江眼切策也 揀｜擇 柬分別選之 ○盞莊產切爵偶 琖同上 ○眼衣簡

切目也

去聲

飯防絆切炊穀熟曰｜ 梵｜唄羌戎吟聲 範式也 范草名又姓 犯觸也 ○泛方絆切浮

也 販買賤賣貴 畈田｜平疇也 ○限奚澗切界也閾也 閬門閫 㫾同上 ○莧

希澗切莱名 骭骹也 ○漢呵幹切水名地名 熯火乾 暵日氣乾 鼾臥息也 ○

旱何幹切亢陽不雨 悍性勇急也 銲臂凱也 閈里門曰｜ 捍衛也 扞同上 翰辭｜

汗人液 瀚浩｜廣大貌 ○散先贊切分離也 ○訕叶山去聲謗也 疝病也 狦獸名

汕魚來水上 ○旦當爛切早也 ○但唐㦨切任從也 誕妄也 憚忌難也 彈行丸

也 聲 撣觸也 狚獨丨獸似狼 ○贊臧散切佐也 讚稱美也 灒水濺 酇

縣名 瓚裸器受五升 ○譔之慣切專教也 撰述丨 饌饔具 ○棧雖訕切木丨道 綻

衣縫解也 䶢齒不正 ○萬忘扮切盈數也 蔓葛屬 曼引也無也 ○辦旁慢切具也

瓣瓜中實 ○絆邦慢切羈丨 扮扞扌丨 ○炭湯爛切燒木未灰 嘆大息 ○案

昂幹切几屬 按抑也 ○岸鵝幹切崖也 喭弔失容 犴狴丨獸名 ○幹岡汗切事

之能 榦井欄又柄也 旰日晚也 盰目多白 幹莖丨 ○看康汗切視也 ○

爛郎旦切燦丨光貌 糷滓康相著 ○粲倉散切鮮好貌 璨玉光 燦明也 ○諫江晏

切直言以悟人也 澗山夾水 間隔也 瞯孟子吾將丨良人之所之 覸視也 ○晏衣澗

切日肝也鵝鴐也○鴈移間切隨陽鳥贗偽物也○慢忙扮切惰也嫚侮易也

謾欺也漫汗丨眇茫貌○患黃慣切病也宦仕也豢丨養也幻虛丨詭誕惑人

擐貫也絭臂繩也○涮踈選切丨沒也⿰氵篤洗馬也○篡初患切奪也○盻

滂漫切美日也襻衣系○慣光患切習也摜帶丨丱丫角貌○腕烏慣切丨丨

惋懊歎○難奴旦切患也

桓歡

平聲

桓華官切威也紘○綄吳官切船上候風羽丸圜也紈素也完全也峘小山岌大

山丨垣丨墉垸漆加骨灰上也洹水名瓛桓圭公所執岏巑丨小山貌○歡花菅

切喜也驩馬名讙譁也貛野豕獾野豚○觀瓜完切諦視官宦也冠冕弁揔也

棺｜槨○端多桒切正也剬整飭貌耑物初生之題也○酸思鑽切醋痠

｜疼狻｜猊䨿小雨○寬謗完切裕也○鑽祖酸切穿也○般巴瞞切旋也運

也搬或曰移也○鸞盧端切神鳥鑾｜鈴欒木似欄巒山小而銳圞團｜圓也

灤平｜水名○瞞麻般切目不明謾欺也鏝泥｜杇也墁上同蹣踰也漫水大貌

鞔｜鞋裹鰻｜鱺魚也縵車名蔓｜菁菜名樠木名䨲雨霧濃饅｜頭餅也○

剜烏官切刻削帵｜子裁餘豌豆也眢井無水目無睛蜿蟠｜龍貌○湍他桒切激

｜○團徒桒切團也慱憂勞摶｜擊剸斷也漙｜｜露多貌○穳祖丸切刈

木積也欑木叢攢族聚也○攛粗酸切或曰擲也○盤蒲瞞切器也瘢瘡痕

磻溪名鬆鬆丨頭曲髮為之蹣丨跚跛行鞶大帶蟠屈也槃盛器般樂也搫除也胖

大也磐大石瀊水之丨洄𨇨屈足也縏馬飾大帶媻丨丨往來貌幋大巾弁詩有

小丨篇○潘葩瞞切姓也拌凡揮棄物

上聲

短當卯切促也斷截也○盌汪管切小盂椀同上○畽湯卯切禽獸所踐處○

管光椀切樂器舘客舍琯玉丨脘手丨痯病也盥洗也筦與管同○款匡椀

切衷曲也窾空也○澣王管切濯垢也○暖囊短切温也渜湯也煖火氣也餪

女嫁三日送食曰丨○纂臧管切似組而赤黑色纘維也酇百家又五鄉為丨攢鋋也

鐏戈戟柄底銳者曰丨○滿忙管切盈也懣煩冤○卵郎短切羽所生曰丨

去聲

喚荒貫切呼也　奐輪｜輪囷言高大　渙流散鮮釋　煥火光　換易也　睆睆｜黃鳥　○
換黃貫切同上　緩舒遲　逭轉也　○　翫王貫切習也　惋驚歎　玩戲也　浣濯也　○
鑽臧筭切所以穿物　○　鍛當亂切治金曰｜　碫礪石　斷決也　腶鍛脯　段分｜　煅
與鍛同　○　筭桑鑽切計也　蒜葷菜　○　貫光玩切條｜規繩也　冠戴｜　盥澡手　灌
溉也　瓘玉也　鸛小爵　觀樓｜　祼祭名　○　半邦慢切物中分　絆馬縶繫足曰｜　靽駕牛
具在後曰｜　○　伴旁慢切侶也　叛背｜跋扈也　畔田界　○　慢忙半切幕也　鏝
泥｜也大戟也　曼末也　漫水浸淫敗物　謾欺也　墁杇者塗墍　縵繒無文　○　竄倉筭
切逃也　攛擲也　爨炊｜　鑹小稍　○　亂即斷切理也　○　段當亂切體｜片｜　斷

絶也 椴櫬丨木槿 ○ 彖湯亂切易也 ○ 判滂慢切剖也 泮諸侯學名 沅水涯 ○

愞嚢斷切弱也

先天

平聲

天他連切丨顛也 ○ 闐堂連切盛也 田土巳耕曰丨 填塞也 鈿金華飾 磌響聲

畋獵也 ○ 煎臧先切熟煑也熱也 箋表也 韉鞍韉 湔滌也 濺丨丨水淺流貌 戔委積

貌 錢彭祖姓 ○ 堅雞延切固也 肩髆也 鵳鵳丨鵳子 槔丨盧擄蕭采名 鞬盛弓

矢器 甄察也陶也 ○ 顛低連切仆也 巔山頂 瘨病也 蹎丨仆 傎丨倒 ○ 鵑

俱囦切杜丨鳥名 娟美好貌 涓潔也 蠲除也 睊視貌 ○ 邊巴綿切也側也 匴籩

竹豆編以繩聯次鞭馬策箠鯿魚名蝙丨蝠仙鼠揙搏擊○喧虛娟切大語也暄

日暖也萱忘憂草塤樂器諠譁也諼忘也翾小飛○氈知然切毛席鸇晨風

鷴也鱣魚名旃旗柄曲饘糜也栴丨檀香木飦丨粥之食邅迍丨不進難行貌○

羶尸邅切羊臭牛脂煽熾盛挻引見取也扇丨涼搧動也顫鼻徹為丨知香臭也○

鐫滋宣切刻也○年尼堅切歲穀熟曰年○綿麻邊切精曰丨眠翕目也○然

如邅切是也燒也燃同上○廛他然切市中空地纏繞也躔踐也禪靜也嬋丨娟

美態單丨于匈奴號蟬蜩也○圓于消切周也園所以執果元善之長也袁姓也

原本也沅水出蜀郡黿似鱉而大芫草丨花藥名垣牆也援引也捐棄也鳶丨飛

戾天猿似猴長臂圜易乾為丨員官數轅輈也源水之本蚖蠑丨蛇類媛高辛妃姜

丨蜑晚蚕 媛嬋丨美女 緣因也 湲潺丨 ○銓雎宣切衡也 痊病除 筌取魚器
絟細布 佺偓丨仙人 荃香草也 詮註也 悛改也 拴揀也 跧伏也 ○寃衣涓切屈
也 鴛丨鴦 淵止水也 宛地名 鵷丨鶵鳳屬 悁丨讐 娟嬋丨美好貌 蜿丨蜒龍貌
○延移堅切長也 筵竹席 蜒蜿丨龍貌 綖冠上前後垂覆 言真丨曰丨 妍好也美也
研究也 鋋小矛 鉛黑錫 沿循也 緣因也 埏墓道 焉語終辭 ○牽欺延切引也
愆過也 褰袴也 騫馬腹縶 岍山名 汧水名 ○軒稀肩切車曲輖也廂也 掀以手
高舉 祆胡神 鶱飛舉貌 ○先思煎切前也 鮮凡新殺曰丨 秈秔稻 仙神仙 躚
蹁丨旋行貌 䙴褊丨衣貌 䉳竹名 ○前齊先切丨後之對 錢貨泉 媊星名 ○千
妻先切十百也 阡田間道南北曰丨 芊丨丨茂貌 遷徙也 韆鞦丨繩戲 ○賢奚堅切善

也能也弦弓｜懸解倒｜絃八音之絲舷船邊蚿馬｜百足玄黑也○烟衣堅
切火鬱氣咽｜喉嫣｜然一笑又長貌燕國名胭｜脂閼｜氏單于后焉疑辭何也
蔫菸也○駢昆眠切駕三馬蠙珠母玭上同便安也習也輧輜｜胼｜胝皮堅也
緶交枲也平辨治也均也○篇批綿切簡成章也偏旁也翩疾飛艑小舟蹁
｜躚旋行貌○全才宣切備也牷牛純色泉源水○傳池專切授也椽屋｜
船舟也又衣領○⿰田耎如專切城下田堧上同撋煩｜挼莎○川昌專切衆流穿
委曲入也○旋詞鐫切周｜漩水面璿美玉璇同上還復返也○涎徐煎切口
中夜也次上同○專知傳切獨也檀也甎甓也顓｜｜謹貌剸截也篿析竹小曰
｜鱄魚名○虔其言切恭也乾健也揵舉也犍犗牛○權渠元切稱錘顴

輔骨拳屈手鬈髮好瘽手出病踡｜跼不伸也○攣驅元切係也臠｜曲身曲

也聯綴屬○圈區喧切杯｜卷弩弓棬屈木盂○宣思全切布也瑄壁火

六寸揎捋也○玄奚元切黑也幽遠也懸解倒｜泫水名○連離顏切接也憐

哀矜也蓮芙蓉實漣｜漪聯綴屬

上聲

遠俞捲切遙也阮姓也○宛於捲切屈草自覆畹田三十畝曰｜婉順也苑所以

養禽獸琬玉也莞茂貌踠馬足跌○偃衣褰切服也鼴鼠名○演移褰切水

長流貌衍廣也兖州也縯長也○蹇難演切跛藺蚕衣攓拔取也攑居上

｜也稾｜束筧以竹通水挸拭面驣｜驢皺皮起謇難也正言也○免忙扁切罷

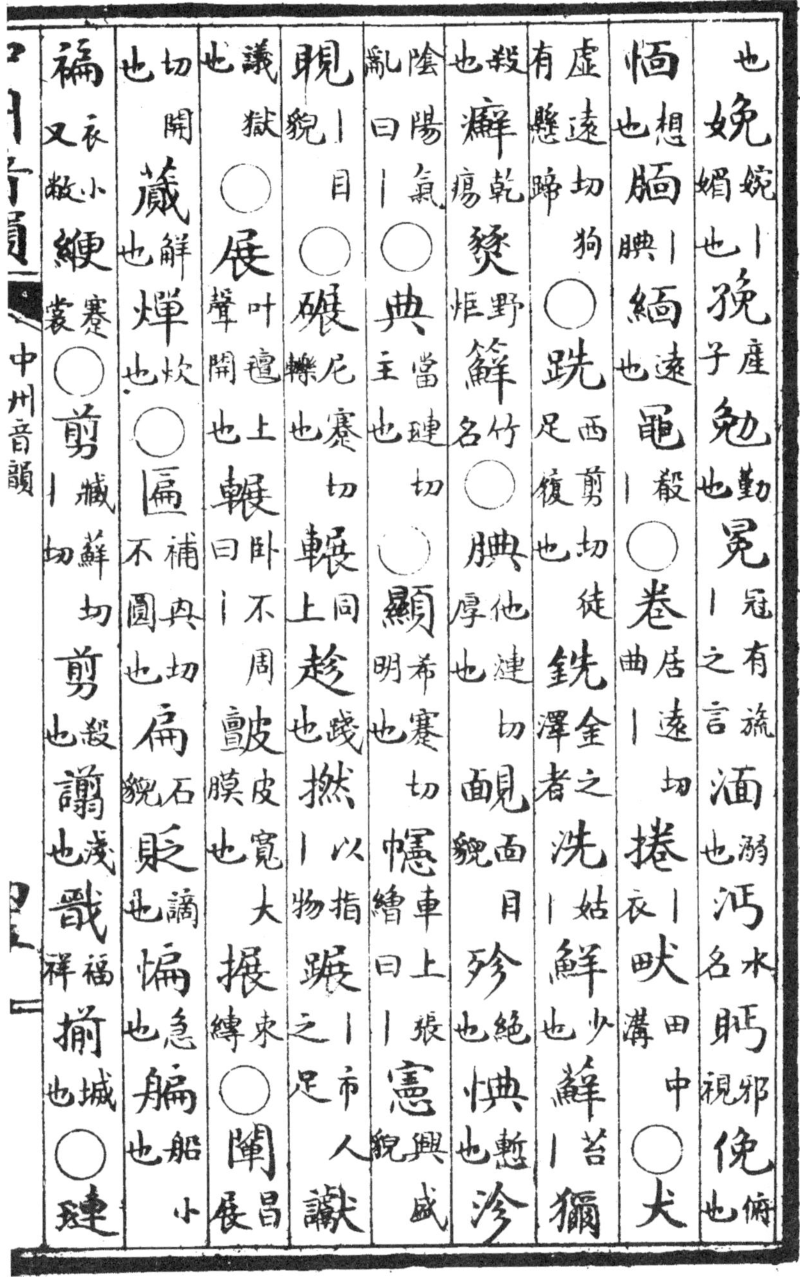

也娩婉丨媚也娩產子勉勤也冕冠有旒丨之言湎溺也沔水名眄邪視俛俯也

愐想也腼丨腆緬遠也黽殽丨○卷居遠切曲丨捲丨衣畎田中溝○犬

虛遠切狗有懸蹄○跣西剪切徒足復也銑金之澤者洗姑丨鮮少也蘚苔丨獮

殺也癬乾瘍燹野炬䉳竹名○腆他連切厚也靦面目貌殄絕也㥏慙也沴

陰陽氣亂曰丨○典當連切主也○顯希蹇切明也幰車上張繒曰丨憲興盛貌

覥丨目貌○碾尼蹇切轢也輾同上趁踐也撚以指丨物蹍丨市人之足讞

議獄也○展叶邅上聲開也輾卧不周曰丨皽皮寬大膜也搌束縛○闡昌展

切開也蕆解也燀炊也○匾補典切不圓也扁石貌貶謫也惼急也艑船小也

褊衣小又敝緶蹇裳○剪臧鮮切丨切翦殺也譾淺也戩福祥揃搣也○蹥

中州音韻

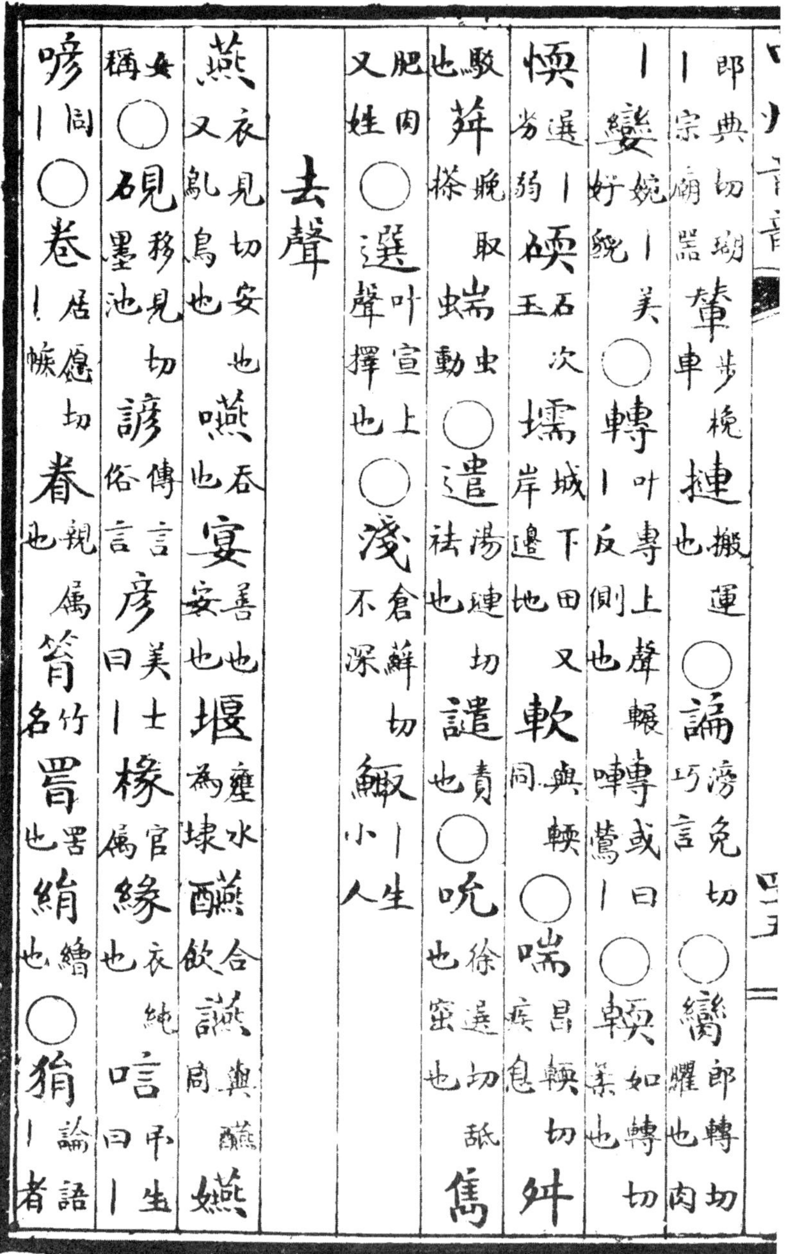
中州音韻 四五

即典切瑚丨宗廟器輦步輓車摙搬運也○諞滂免切巧言○臠郎轉切臞也肉

丨孌婉丨美好貌○轉叶專上聲丨反側也輾囀或曰鶯丨○輭如轉切柔也

愞選丨劣弱碝石次玉壖城下田又岸邊地軟與輭同○喘昌輭切疾息舛

駛也𢍏晩取搽蝡虫動○遣湯璉切祛也譴責也○吮徐選切舐也窋也雋

肥肉又姓○選叶宣上聲擇也○淺倉蘚切不深鯫丨生小人

去聲

燕衣見切安也又亂鳥也嚥吞也宴善也安也堰壅水為埭醼合飲讌與醼同嬿

女稱○硯移見切墨池諺傳言俗言彥美士曰丨椽官屬緣衣純也唁弔生曰丨

喭同丨○卷居倦切丨帙眷親屬也䇷竹名罥罟也絹繒也○狷論語丨者

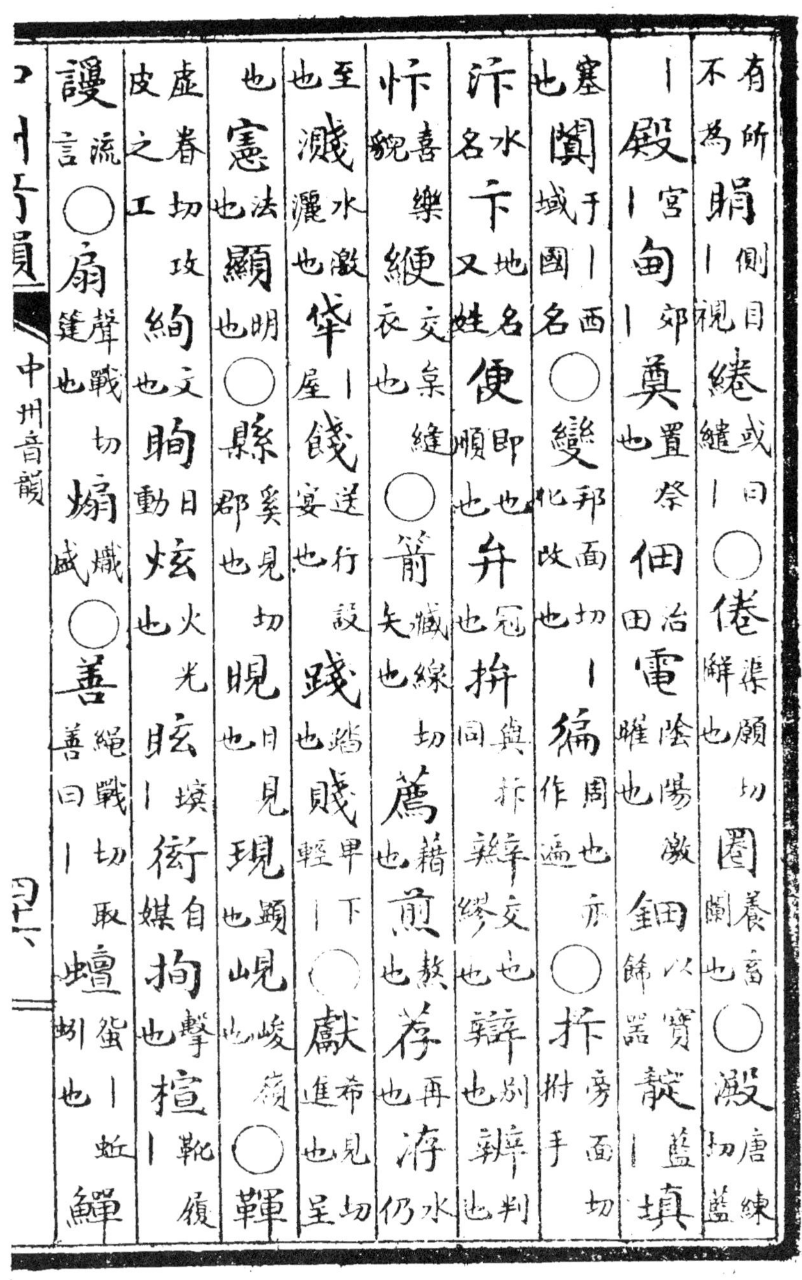

有所不為睊側目丨視綣繾綣或曰丨○倦渠願切懈也圈養畜闌也○澱唐練切藍

丨殿宮丨甸郊丨奠置祭也佃治田電陰陽激燿也鈿以寶飾器靛藍丨填

塞也闐于丨西域國名○變邦面切化改也丨徧周也亦作遍○抃旁面切拊手

汴水名卞地名又姓便即也順也弁冠也拚與抃同辮交也繆也辯別也辨判也

忭喜樂貌緶交枲縫衣也○箭臧線切矢也薦藉也煎熬也荐再也洊水仍

至也濺水激灑也牮屋丨餞送行設宴也踐踏也賤卑下輕丨○獻希見切進也呈

也憲法也顯明也○縣奚見切郡也晛日見也現顯也峴峻嶺也○韗

虛眷切攻皮之工絢文也眴目動炫火光也眩瞑丨衒自媒拘擊也楦靴履丨

謾流言○扇聲戰切篷也煽熾盛○善繩戰切取善曰丨蟺蛩丨蚯蚓也鱓

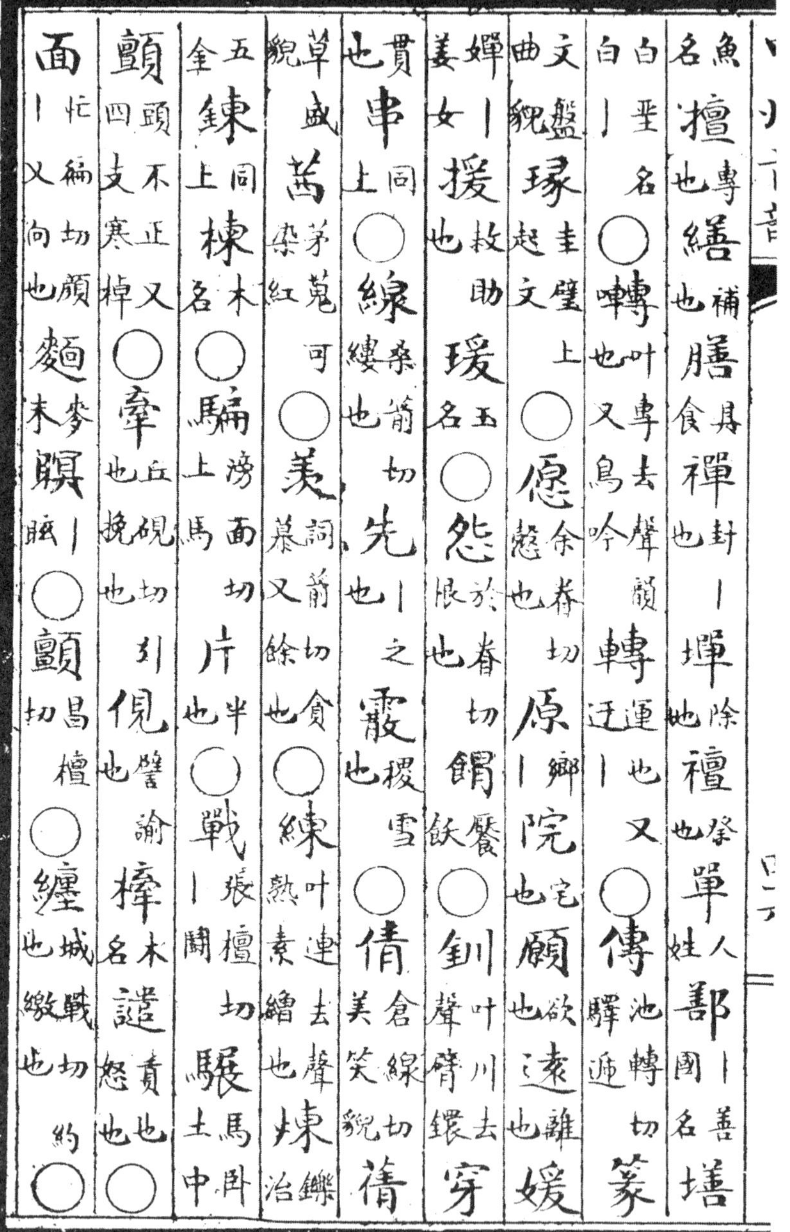

魚名 鱣 專也 繕 補也 膳 具食 禪 封也 丨 墠 除地 襢 祭也 單 人姓 鄯 丨善國名 墡

白堊名白丨 ○ 囀 叶專去聲也又鳥吟 轉 運也又迁丨 ○ 傳 池轉切驛遞 篆

文盤曲貌 瑑 圭璧上起文 ○ 愿 余春切慤也 原 鄉丨 院 宅也 願 欲也 遠 離也 媛

嬋丨美女 援 救助也 瑗 玉名 ○ 怨 於眷切恨也 䭡 饜飫 ○ 釧 叶川去聲臂鐶 穿

貫也 串 同上 ○ 線 桑箭切縷也 先 丨之也 霰 稷雪也 ○ 倩 倉線切美笑貌 蒨

草盛貌 茜 茅蒐可染紅 ○ 羨 詞箭切貪慕又餘也 ○ 練 叶連去聲熟素繒也 煉 鑠治

五金 鍊 同上 楝 木名 ○ 騙 旁面切上馬 片 半也 ○ 戰 張檀切丨鬭 驏 馬卧土中

顫 頭不正又四支寒掉 ○ 牽 丘硯切引也挽也 俔 譬諭也 㯠 木名 譴 責也怒也 ○

面 忙徧切顏丨又向也 麪 麥末 瞑 丨眩 ○ 顫 昌檀切 ○ 纏 城戰切約也繳也 ○

戀郎眷切眷念也孌美好○選叶宣去聲銓官也○漩叶旋去聲水回也鏇轉軸裁器旋遶也縼長繩繫牛馬放○摙湯練切持也○勸叶圈去聲勉也獎也券契約也○見難現切視也建置也絹繒也○健其現切强也件｜名鍵戶鑰○

蕭豪

平聲

毛麻包切毛｜旄旌｜芼草覆蔓茅草名又姓猫捕鼠獸髦髮也又俊也蝥蟊盤｜虫名酕｜醄醉也○蕭西焦切香蒿瀟｜湘雨聲簫樂器霄近天氣也宵夜也消滅也盡也綃生絲繒也痟｜渴疾銷鑠也硝朴｜魈山｜獨足鬼蠨｜蛸虫蛸桑螵｜虫也翛｜｜飛羽聲颾凉風捎搖｜動颾鮹魚名○刁丁聊切軍有｜斗晝

炊夜擊 貂鼠屬 雕大鷲鳥 雕刻琢 彫殘也零落也 琱治玉 弴畫弓天子丨弓 船
吳船 䙚短衣也 凋落丨 蛁大蟬 ○梟希交切與鴞同 囂喧也 枵木根又虛也 歊
熱氣 嘵懼聲 鴞鳥名 驍武猛也又良馬 ○梢尸嘲切木杪也 捎取也掠也 弰弓末 髾
髮末 鞘鞭丨 旓旌旗之旒 筲竹器容十二升 颵風聲 ○刀都高切兵名 魛魚名 舠
小船 ○焦兹消切傷火 蕉芭丨 椒木名 燋然炬持火也 膲人之三丨 鷦丨鷯 噍
聲噭也 ○燒尸照切火焚也 ○標巴苗切木杪也 猋犬走貌 飆大風 杓斗柄 幖
頭上幟 摽揭也 鑣馬銜外鐵也 臕脂丨肥貌 瀌丨丨雨雪盛貌 ○交居肴切合也丨
加參錯也 蛟龍屬 茭草丨 艽秦丨藥名 郊邑外曰丨 教效也使之為也 鮫海魚 膠黏膏
嬌妖嬈也 驕傲也 驍良馬 澆沃也 僥偽也 儌丨倖 嘐鳥鳴聲 ○包巴毛切裹

也襃｜貶苞叢生也胞胎衣○嘲之梢切言相調也抓｜搯摷擊也鶮白雉

鵃鶻｜啁｜嘐聲也謿揚雄解｜○拗衣交切切不平也凹同上妖巧也艷也邀

招也么｜小也腰身中夭｜｜和舒貌喓虫聲要求也切也葽秀｜草○高

歌豪切上也崇也羔羊子餻｜糜糕同上膏脂也篙進船竿皐澤也櫜車上大｜

槹桔｜以機汲水鼛大鼓○叨他勞切濫也舠舟名慆悅也饕食也絛編絲繩

滔漫也韜藏也掏擇也洮水名○騷思遭切愁也擾也艘船揔名臊腥｜搔

手把繅繹繭為絲繰同上颾風聲慅恐慹○遭租搔切逢也糟酒母○鏖阿高

切盡死殺人爊埋物灰中熟之○昭知饒切明也招呼也朝早也釗勉也○寮

離刁切同官為｜遼遠｜也聊賴也鷯鷦｜鳥名鐐白金之美者嘹鳴也寥空也

嫽相｜戲也 僚官｜也 憀｜賴 膋腸間脂 廖人姓 繚繞也 ○饒如招切豐也餘
也 橈擸也 嬈姸媚 蕘芻｜ ○苗迷標切秧｜ 描畫｜ 緢旄絲也 ○鐃弩刀
切如鈴無舌有秉 獿犬多毛 嶢山名 譊爭也 撓攪也 猱猴屬 呶讙聲 怓心亂 洶
｜沙藥名 ○牢郎刀切牲俗也 轑轆也 勞疲也勤也 撈取也 醪濁酒 澇水名 ○挑
他聊切撥也 祧遠廟為｜ 佻偷薄也 朓晦而月見西方 兆刂剔也 ○遙移交切遠也
搖動也 謠徒歌曰｜ 颻飄｜ 傜使也役也 徭同上 窯燒瓦灶 窰同上 姚｜悅美好
貌 陶皋｜舜臣 瑤玉名 堯高也 嶢嶕｜山高貌 淆混｜ 肴菹也 餚同上 殽｜豆
實也 崤山名 爻易卦六｜ ○蹺欺堯切揭足 趫捷也 橇泥行所乘 敲橫擿 撬
舉也 磽石地也又瘠薄也 尻脽也 訄戲言 墝上堅 ○超癡饒切跳也 ○潮持饒

切海濤朝｜廷佋廟｜穆鼂虫名又姓韶舜樂又繩招切晁虫名又姓○樵慈清

切｜取薪也譙誠上樓顦｜顇燋灼龜炬𦗞耳鳴憔｜悴瘦也○喬其交切高

也橋水梁也僑旅寓翹危也蹻驕由荍｜麥嶠山銳而高蕎與荍同趫善走

○鍫粗消切畚｜也幧斂髮謂之｜頭○飄鋪苗切｜飆漂動也僄輕也摽擊也

縹｜｜輕舉貌○巢鋤嘲切鳥在木上曰｜漅湖名勦輕捷⿰耳巢耳鳴也轈兵車

若巢以望敵也○哮希交切｜喘嗃叫呼聲虓虎吼烋息｜氣健貌詨叫呼○

拋鋪毛切｜擲脬腹中水府泡水區胞｜胎○鰲訛高切魚名敖游也厫或曰

倉｜獒狗四尺為｜⿰足敖｜然閑暇之貌⿰舟敖船接頭木遨｜遊⿱敖月蟹大足嶅山多小石

聱語不入也翱｜翔螯蟹屬謷大貌嗷衆口愁鼇海中大鼇熬煎也⿰敖頁高頭也

中州音韻

中州音韻

摮摮貌驁俊馬○抄痴巢切略也譟代人言也鈔取也○袍蒲毛切長襦鉋
平木器麭麪也炮毛炙肉爊也跑足丨地跑也咆嗥也庖廚也鞄皮丨○豪
何高切俠也英也毫長毛號大呼也壕城下池濠水名嗥熊虎狐狸之聲也譹
丨哭聲○蒿呵高切蓬丨薅除田草○陶徒勞切瓦器也淘澄汰也綯絞也
咷號丨桃果名逃逸去也鼗小鼓著柄萄葡丨濤海中大波醄酕丨醉貌啕多言
檮丨杌謟言不節○曹藏騷切局也槽澑器嘈聲也艚舟名螬蠐丨虫名漕
衛邑名○條田聊切枝曰丨迢丨遞髫丨髦小兒髫苕草可為箒跳躍也調和也
嬥細腰貌軺小車也蜩大蟬齠始毀齒也○操粗搔切持也丨○瓢毗苗切瓠
也薸江萍也

入作平聲

濁錐稍切不清也擢拔也濯滌|鐲鉦也擉搐也黻築也○鐸多勞切鈴偒度

量也愎忖|也○學奚交切敎也鷽山鳴嶨山多大石○薄巴毛切厚|之對

洎止息也亳地名箔簾也博廣也膊肩|雹雨氷撲路也○鶴叶豪似鵠長喙

涸水竭也貉似狐○鑿慈搔切鏨也昨隔宵酢酬|怍慙|○鑊胡瓜切鼎

|穫刈也○着池燒切服衣于身○杓繩昭切杯|○嚼齊消切噍|○

醵叶喬合錢飲酒○籆叶遥收絲者也○鷃於包切水鳥艧舟也○縛房包切束也

上聲

小桑劉切微也篠小竹謏誘為善也○皎江杳切月之白繳纏也矯詐也撟舉手

也鐓丨刀攪亂也皦明也笅竹索狡猾也絞縛也姣好也○了郎餃切許也

繆丨繆蓼辛草瞭目睛明燎照也繚或曰丨繞○朓湯了切弄也挑丨戰也

䠷身長貌○曉希皎切曉也○杳衣皎切深也夭屈也㵿渺丨水遠殀丨殁

窅深目抝手拉也皛明也窈深遠○嫋宜皎切丨丨長弱貌鳥禽名褭騕丨

駿馬嬝嫋丨㒡僂丨舞者丨身[illegible]環也裊騕丨神馬○沼知遶切池丨○少商沼

切不多也○擾[illegible]沼切煩也嬈亂也繞旋丨遶圍丨○醥滂渺切清酒縹帛青

白瞟目瞭剽強[illegible]也○眇忙表切一目小也淼大水渺水貌邈遠也杪木末

秒禾芒○表邦渺切之外也裱衣領巾也當去聲褾袖端嘌山巔○悄青小切靜

也愀色變○剿精小切殺也勦勞也○巧丘杳切機丨○飽邦卯切饜飫

保安也 寶珍也 葆草盛 褓襁｜ 堡｜障 鴇鳥名 ○腦囊倒切頂髓 嫋相｜亂也
瑙瑪｜ 碯碼｜寶石 惱有所恨痛 ○卯忙保切辰名 昴宿名 ○爪叶朝上聲手足
甲也 抓亂搔搯也 〔豸爪〕｜機 ○稍雙爪切斬也 ○齩衣皎切齧也 咬上同 舀杼白
也 〔扌宂〕上同 ○煼叶抄上聲乾熬 炒上同 ○老郎鳥切年高 潦路上流水 栳栲｜
柳器也 獠西南夷名 藔簝實乾梅之屬 橑屋｜簷前木 ○討湯老切誅也 ○掃
桑早切糞除也 嫂兄之妻 ○倒當老切仆也 島水中有山 擣築也 禱祈求 搗與擣
同 ○草倉掃切百卉 ○早臧掃切晨也 蚤同｜ 蝨｜蝨 澡洗滌 藻水草 棗
果名 璪王飾 ○杲岡襖切日出 皜白貌 槁苗則｜矣 縞白也 藁文章也 皓潔白
精瑩貌 稾藥名又｜本 ○好呵杲切美也 ○襖向杲切裘屬 媼女老稱也 懊

丨惱 ○考康襖切壽丨老也 攷丨成也 栲木名 拷打也 ○撓囊島切擾亂 ○

剖滂卯切判也 ○殍餓死或曰音縹

入作上聲

角叶皎頭角 覺悟也 脚足也 ○殼叶巧皮甲也 確堅也 却不受也 卻退也 恪謹也 ○鵲叶悄鳴丨 皵皮皴 碏茶也人名 ○謔叶曉戲調 ○酌叶沼丨酒 斫擊也 灼炙也 繳矰丨 妁媒丨 ○各叶杲異詞 閣樓丨 ○托叶討 魄落丨不檢 鐸竹皮 橐無底囊 拓推也 飥餺也 託寄也 ○郭沽卯切城郭 槨外棺 ○廓枯卯切虛也 擴張大也 鞹去毛皮也 漷水名 ○作叶杲造也 ○錯叶草[illegible]也 ○索叶嫂繩也 ⿰扌索摸丨 ⿰糹索或曰繩也 ○壑叶好谷也 郝地名又姓 ○卓之卯切特立也 琢

治玉 啄鳥啄 捉捕也 ○ 約叶杳｜束 握持也 渥霑濡霧霈也 幄覆帳謂之｜ 喔

雞聲 ○ 綽叶超上聲寬也 婥叶｜約好貌 ○ 削叶小刮｜ ○ 爵叶勦酌器 雀鳥名 ○

朔聲卯切月之朝 槊矛屬 㮶木名 數頻也 ○ 剝叶飽削也 駁獸也 ○ 鑠叶少銷｜

爍灼｜光貌 ○ 惡叶襖不善也

去聲

弔當料切問終 釣｜魚也 窵｜窅深也 ○ 調唐料切選也 銚燒器 窕輕｜ 篠

草器 誂弄也 掉顫也 ○ 照張邵切明所燭也 詔上命也 ○ 趙長紹切國名又姓

兆十億曰｜ 肇始也 旐旗也 召呼也 ○ 俵邦妙切｜散 鰾魚｜可作膠 [票+見]目有

察省見也 ○ 抱旁貌切鳥伏卵 鞄柔革之工 鉋平木器 鮑鱧魚 暴凌也 謈｜譟惡也

瀑疾雨　○豹邦貌切獸名　爆火裂　報告也　曝晒也　○套湯澇切長也　○耗

亨告切虛也　好愛樂　○號杭告切令也　皓白貌　浩｜｜水貌　昊元氣廣大　灝水勢

遠也　鎬溫器　顥天邊氣又白貌　○到當勞切至也　倒顛｜　○纛唐澇切黄屋左｜

道由也　蹈踐也　幬幔轂革　稻稌也　導引也　悼哀也　盜｜賊　燾溥覆照也　翿舞者

所執　○噪桑灶切群呼　燥乾也　埽｜除　譟擾聒也　瘙疥｜　○竈臧噪切爨突也

躁急進也　懆慍也　○造藏灶切建也　皁黑色為｜　漕水運　○靠康號切相違

鎬餉軍　燺燥也　犒與鎬同　○笑桑醮切哂也　肖骨肉相似　嘯吹聲　韒與鞘同

熽火貌　咲與笑同　鞘刀室　○眺滔料切望也　糶賣米穀　跳越也　趒上同　○

料郎弔切計也　鐐美金　療治病　廖姓也　燎照也　䍡魚罟　○溺尼叫切叟便　○

要幺叫切樞丨也拗手拉也靿靴丨凹地丨下不平也矅白色袎襪丨○耀姚叫

切光缺曜日光燿炫丨鷂鷙鳥趬行不正也䚻普視樂好也○燒傷照切野火曰

丨少幼小○紹繩照切繼也邵邑也召同上劭勸勉也○孝興敎切丨順

○効奚叫切功丨傚仿也校學宮效學也斅惟丨學半○窖江敎切地藏校

相角也敎訓也較直也覺夢醒曰丨鉸裝丨叫呼也珓盃丨酵酒丨膠丨黏物

○罩叫嘲去聲取魚具也篧同上笊丨籬也箌捕其罹覆鳥令不得飛走也○棹

叫巢去聲所以進船倬俏麗貌○哨雙罩切不正貌娋小丨侵也○冒忙報切覆也

帽頭丨耄老眊目少睛旄狗足丨毛貌容丨媢妬嫉茂卉木盛也○砲滂冒

切机石礮丨石軍戰石也皰面生氣也○鬧奈到切不靜也淖泥也○鈔叫抄去聲

略取 舠舡不安也 ○告岡浩切啓也 誥謹也 郜國名 ○傲昂告切慢也 鏊鉼｜

奡寒浞子名 ○澡即到切積水 澇淹也 僗與勞同 癆｜瘌惡人 憦慰｜ 嫪恡物

也 ○糙倉燥切米穀雜 造詣也 操節｜ 慥｜｜言行相顧貌 ○奧烏告切藏也

墺四方土可居 澳深也 燠熱也 懊懊悔恨也 ○轎強耀切藍輿 撟轎也 嶠山銳

而高 ○剽滂妙切強取 慓懺也 漂水中擊絮 摽擊也 票｜姚 ○醮藏笑切酌而無

酬酢曰｜ 釂飲酒盡爵 ○噍藏醮切無｜類 誚以辭相責 ○妙忙俵切好也 廟室有

東西廂曰｜ ○俏妻笑切｜醋好貌 悄急也 峭山峻 哨口不正 ○竅丘要切穴

也 磽石地脊薄 趬行輕貌 ○繞仁照切纏也

入作去聲

岳叶耀五衆山之宗　嶽五｜也　樂音｜　藥治病草　躍跳也　鑰關｜　癨潘｜病也

瀹漬也　○搭叶閣　諾以言許人曰｜　○莫叶冒無也　摸｜捸　瘼病也　膜肉｜　寞

寂｜　幕帷｜　漠沙｜　○洛叶澇水名　落衰謝也　犖卓｜超絶　樂無憂也　駱馬黑

身白鬣　絡聯｜　烙燒灼　路瓔｜　酪乳漿　○略叶料簡也　掠刼奪　○弱叶饒去聲

懦也　箬竹　若如也　蒻蒲也　○虐叶要殘也　瘧病也　○鍔叶傲劍端　鶚大鵰也

萼華丁跗　鰐海中魚名　惡不善也　○倬叶嘲去聲明也

歌戈

平聲

歌岡何切詠也　哥聲也　柯枝｜　牁牂｜群名　○珂康何切石次玉　軻車接軸　○

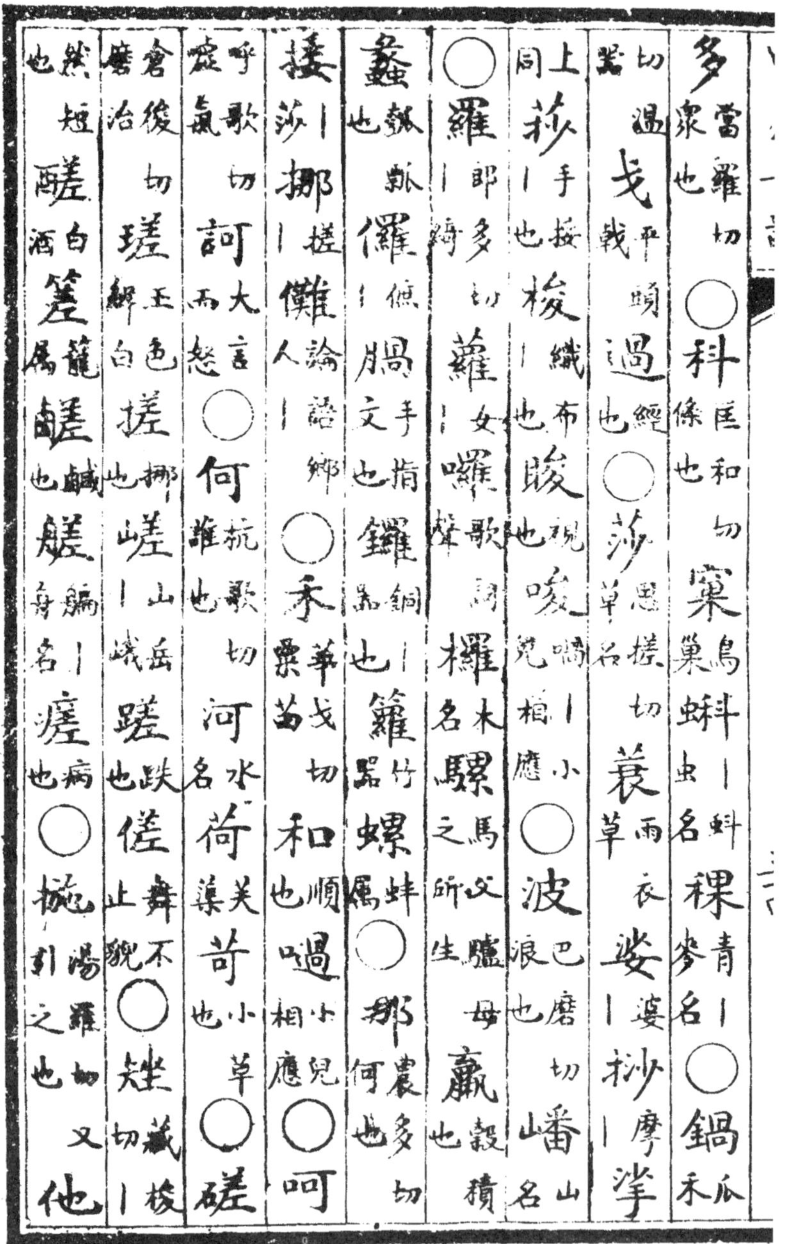

多當羅切衆也○科匡和切條也窠鳥巢蝌｜蚪虫名稞青｜麥名○鍋瓜禾
切温器戈平頭戟過經也○莎思搓切草名蓑雨衣草娑婆｜挱摩｜挲
上同挱手挼｜也梭織布｜也睃視也唆嘀｜小兒相應○波巴磨切浪也嶓山名
○羅郎多切｜綺蘿女｜囉歌詞聲欏木名騾馬父驢母之所生蠃穀積也
蠡瓠瓢也儸僂｜腡手指文也鑼銅｜器也籮竹器螺蚌屬○那農多切何也
挼｜莎挪搓｜儺論語鄉人｜○禾華戈切嘉苗和順也喎小兒相應○呵
呼歌切嘘氣訶大言而怒○何杭歌切誰也河水名荷芙蕖苛小草也○磋
倉後切磨治瑳玉色鮮白搓挪｜也嵯山岳｜峨蹉跌也傞舞不止貌○矬藏棱切｜
然短也醝白酒篕籠屬鹺鹹也艖艑｜舟名瘥病也○拖湯羅切又引之也他

佊也 詑自足貌 ○駝唐羅切駱丨 鼉水虫 陀陂丨不平貌 跎蹉丨 馱載荷也

酡酒容 䍧似羊四耳九尾 詑欺也 鮀魚名 沱滂丨大雨 紽絲數 ⿰車它馬上連囊又丨負

碢飛塼戲也 磆碨輪石 ○阿何哥切曲也 ⿰糸阿縞練 娿婐丨不決 痾病也 ○窩

阿戈切藏也 渦水回 踒足跌 倭國名 堝坩丨以烹煉金銀 錗多也 ○哦吳歌切唫

也 莪草似斜蒿 娥好也 峨嵯丨 鵞舒鴈丨 訛謬也 鈋刓方為圓 俄丨頃速也 吪

動也 囮鳥媒 蛾蠶化 誐嘉善也 ○婆旁磨切老嫗之稱 皤白也 鄱地名 番同上

○摩麻波切研也 ⿱麻皿栝也 魔鬼 劘剴也 磨治石 麼幺丨小也 ○坡葩磨切陂

也 頗頭偏 玻丨璃

入作平聲

活叶和生也括棺取鑊釜屬𣻎凝流貌○奪叶多取也攘○合叶何同也褐

毛布也盒｜盤闔閉也嗑噬｜卦名○鈸叶巴鈴｜跋躐也魃旱｜跡行貌愽

普也○薄叶波厚｜泊止也箔簾也○濁之麻切不清也濯浣也鐲似鈴啄鳥｜

○縛浮巴切擊也佛西方神名○鐸東挐切鈴屬度量也忖也○勃邦麻切色

｜也渤｜澥海名

上聲

舸叶歌上聲大舡曰｜哿可也○安叶施上聲安也袉長舒貌又裾也○朶叶多上聲

花｜埵堅土又果實下垂趓或曰與躲同哆張口鬌垂下貌小兒翦髮為｜躲｜身

垜射層○我昂舸切己称○可叶坷上聲｜否之對軻轗｜坷坎｜舸大舡曰｜

○儸叶羅上聲|𩬇鬌也祼赤体蓏草實曰|蠃果|斵斫也邏巡也夥多曰|

欏裂也蠡疥螭○娜叶那上聲婀|美也櫰穀|木盛貌那何也○左臧鎖切|

右也○抲火何切撝也當平聲○跛叶波上聲足偏廢也簸揚米○果叶鍋上聲木實

菓上同裹包也蜾|蠃虫名○鎖桑左切鐵|也瑣青|損動也𪍿小麥屑○

麼叶磨上聲么|細小也懡|儸又懡○叵叶坡上聲不可也反可曰|頗不正也

○火花果切燈也○顆叶科上聲珠|堁掘|塵起貌○荷叶何上聲弗克負|

哥急也

入作上聲

葛叶哥上聲|藟割斷也合和也閤內中小門鴿鳩屬閣樓|各異詞蛤蚌屬○

撥叶波上聲發也　膊肩｜　鉢食器　茇華｜　搏手｜　○聒叶果讙語　括檢也　郭城｜

又姓　适疾也　○渴叶可飢｜　⿸疒盍短氣　容｜合相當也　磕石相築聲　搕以手盡也　⿸虍盍

｜崩損也　⿰盍欠｜欬　咳嚏｜　⿸疒曷內熱病也　○闊叶顆廣也　漷水名在魯　擴張大也　廓

空也　○撮叶蹉上聲四圭為｜　錯誤也　○掇叶朵拾也　裰補｜破衣　○脫叶妥解也

稅不｜冕而行　梲大埻　挩除也　蛻蟬｜　○潑叶頗澆散曰｜　鏺刈草器　抪推｜

⿰口發讒｜人言　朴木名　璞玉未琢　粕糟｜　撲柽楛鞭｜　○抹叶磨上聲塗｜也　○

藿叶火香草　豁如也疏通　矐目開　癨吐病　霍姓也　○斡蛙果切旋也　捾取也　鸖

水鳥　臛美肉　○喝叶呵上聲訶也　欱大歌　○遏叶阿上聲止也　曷何也　堨壅｜　⿱青盍

調色畫繪　罯覆蓋　⿸疒高屋迫　惡醜也　○繓叶左結也　攥手把　作為也　○浞抽果切濡

濕齪齷丨戳刺也　索思寡切繩也　○卓之寡切高也　捉捕也　○數叶要
屢也　○涸竭也

去聲

剁當邏切斫丨也　哆小兒行　○大唐邏切甚也　舵正舡木　墮落也　馱負丨　垛
堂墊　惰怠也　癉勞也　○荷叶何去聲負丨也　賀慶也　襸被袖也　○貨荒卧切財
也　○和黃卧切調也　盉調味　禍害也　○餓昂箇切飢餒也　○卧王過切寢也
汚染也貪也　涴泥污物　侉痛呼也　○課匡卧切椀也　敤研治　○剉倉座切折
也剉斫也　銼丨鑛復也　莝斬芻　蓌拜失容也　挫摧也　磋磨治　蹉足跌　○个叶哥上聲
枚也　箇數也　○佐臧个切助也　左貳也　○坐臧佐切行坐上處也　座牀坐也　○

播叶波去聲種也揚也 跛揚丨 譒敷也 ○些叶梭去聲楚語辭 ○過叶戈去聲超也

○唾叶拖去聲口液 ○邏叶羅去聲巡也 攡擊物之名 摞理也 ○磨忙播切磑也

塺塺也 ○愞囊剉切弱也 糯稻之黏者 那語助也 奈那也 ○破叶以去聲剖也

○嗑叶軻去聲多言 ○縛符卧切束也繫也

入作去聲

莫叶磨忽也又姓 摸丨捺 寞寂丨 膜肉間丨 幕在上曰丨 末木杪也 秣穀粟飲馬

沫水名在蜀 抹摩也 漠沙丨 ○捋叶羅去聲摩也 剁削丨也 落零丨 洛水名 絡

聊丨 酪乳漿 樂喜樂 烙燒灼 ○諾叶糯應聲 掿按也 ○弱穰播切懦也 蒻蒲也

○萼鵝个切花下跗 鶚大鵰也 鰐魚名 薄包播切厚丨之對

家麻

平聲

家居牙切居也嘉善也枷項械加增也麚牡鹿佳美也珈婦人首飾葭葦屬

豭牡豕鴐鴈屬笳簫｜袈｜裟跏｜趺坐也痂瘡｜耞連｜打穀具迦釋｜○

麻模巴切｜紵也蟆蝦｜蟇鼁｜似鼀鼊𪄼｜顋難語痲風｜熱疾○蹅之沙切足

蹋聲也樝似梨而酸皮皰皻鼻𢼐以指按物奓張也柤煎藥滓也齇｜齺○撾莊瓜

切摻｜擊鼓也檛箠也髽婦人喪髻○挐囊查切牽引也拏上同詉譇｜語貌○咱

茲沙切或曰己稱○花烘瓜切｜木華｜夸也譁諠｜○華胡瓜切榮也譁

讙也驊｜騮划｜撥進舡鷨鳥名似雉○叉初淡切丫｜又取也杈丫枝靫｜鞴弓箭

室也 艖舟名 差外也 鎈錢異名 ○霞奚加切日旁彤雲 遐遠也 瑕玉玷 蝦丨蟇

○葩滂麻切花也 ○鵶伊家切小而不反哺者謂之鵶 椏江南呼樹爲丨枝 丫物之

岐頭 啞聲名 窊丨窊作恣態貌 ○牙移加切丨齒 衙府丨 呀吧丨大口 芽萌丨 齖

齹丨齒不平正 涯水際 枒木栂 ○茶鋤加切春藏葉可以爲飲 搽苦丨 槎水中浮木桴

查仙丨犯斗牛 ○[illegible]枯加切窊丨女作恣態也 ○[illegible]烏瓜切歐丨猶歐婠也 [illegible][illegible]頷

丨骨 窊汚下也 窪清水 洼渥丨水名 蛙水虫似蝦蟇 娃美女 哇小兒啼 汙坎地

爲室 鼃與蛙同 唲丨嘔小兒言也 ○嗏青加切 ○芭邦麻切丨蕉 巴丨蜀 豝

豕二歲 笆竹籬 疤或曰瘡丨 鈀兵車 ○琶旁麻切琵丨 爬搔也 杷枇丨果名 ○

沙師查切水散石也 紗約屬 鯊魚屬 裟袈丨 砂石也俗沙 [illegible]長毛貌 桬丨棠木名

理論研究編

中州音韻

○鰕希加切魚屬 ○誇空華切大言 髑顙上骨也 夸奢也 姱好也 ○瓜光華切蔓生蓏也 抓擊也 騧黃馬黑喙 媧古女后也 蝸｜牛

入作平聲

伐浃加切征｜ 乏匱｜ 垡耕起土 罰罪｜ 筏桴也 閥｜閱 ○達當加切通也 妲｜己紂妃 靼柔皮 沓重也合也 榙柱上木也 翣窗扇 踏踐｜ ○狹奚佳切隘也 黠堅黑 匣匱屬 鎋錧｜ 柙藏獸檻也 狎親近也 洽浹和也 峽巫｜山名 轄車軸頭鉄 㙈邪佳切｜事土也 婽短人｜ 𢱢擢｜ ○滑呼佳切澾也 趏走｜ 敌盡觀 猾狡也亂也 ○雜叶咱參錯也 囃助舞聲 ○拤叶加揩｜物也 ○鍘叶查草器 閘開閉門 霅水名 煠｜爚 ○眨其劫切乾

上聲

馬 忙把切乘畜 媽 母也 碼 碼|碯 ○雅 移賈切素也 庌 廡也 啞 瘖| 瘂 上同 瘷

不言也 ○賈 叶家上聲姓也 斝 玉爵 假 非真也 嘏 福也 檟 山楸 瘕 久病腹內 ○

洒 商鮓切汎也 ○謏 傷雅切事言語 [illegible] 傻 |消不仁 ○把 邦馬切執也| ○寡

光丸切孤特也 剮 剐人肉致其骨 [illegible] 箴|牧絲具 ○瓦 上寡切屋瓦 掗 取也 邷 衛地

○鮓 之雅切葅也 厏 |厊不合 苴 土|查滓也糞草糟粕之類 ○那 奴打切何也

○打 當雅切擊也 ○髁 叶誇上聲髀骨 胯 [illegible]|兩股閒也 㤮 小衣 ○耍 霜馬切戲

曰嬉也 ○藞 離馬切|[illegible]泥不熟貌

入作上聲

法方雅切度也則也髮頭毛也發起也舒也○塔湯打切浮圖也闥門也獺本狗
食魚榻牀狹而長者塌地低下闒門樓上屋撻打擊也澾泥滑躂足跌[illegible]安貌
輽車紅丨也翣布丨遢邋丶不謹事○薩桑貫切菩丨華言普濟撒抹丨擲趿
進足也鈒丨鏤颯朔風又風聲靸草屧[illegible]音變也僠傝丨不謹貌蹅丨丨行貌
○夾江雅切左右持也甲干幹之首胛背丨扴揩丨物也戞○扎莊洒切拔也
札簡也劄刺著蚻小蟬○八叶巴上聲數也○帀叶咱上聲遍也囋囓也咂入口
○穵烏寡切空大也○察抽殺切審也䰕羅丨鬼鍤鍫也插刺入也[illegible]斷也
○荅叶打報也踏跛行貌搭摸也附也褡横丨小被皶皺丨搨手打剳着也[illegible]
擲地聲又碓也笪竹箯噧高氣多言○殺雙鮓切誅戮也煞同上霎小雨歃歃也又丨

中州音韻

血媭大扇謂之丨箑扇也○恰强雅切用心丨丨搯爪剌硈石聲○犗香假

切一目盲⿰言甲諭丨語聲呷吸丨也○刮叶寡丨削○刷雙寡切拭也○揢匡推

切手把著也髂罾骨○擦七煞切足動草聲礤粗丨○哈玉篇五合切魚多貌

去聲

罵忙霸切惡言詈也禡祭名○下奚價切降也苄蒲芐草夏春丨之丨廈大屋

暇閒丨無事也⿰口問詬丨責怒謑怒言諕誑也唬虎聲嚇笑聲又口距人也罅孔隙

也誶誑丨○踝匡話切足骨也○詐庄價切偽也咋聲大也醡壓酒具榨

打油具○乍床價切初也蜡年終臘祭名䄍年終祭名詐慙語也⿰彳曾丨步立也

膪䐔丨肥也○掛光話切懸也挂同上卦筮也罣礙也詿誤也○化荒卦切教

丨造丨 ○鱯胡卦切魚似鮎口大 畫繪也 華丨山西嶽 樺木名 話語 ○汊詹詐

切水名 ⿰者鬼醜也 誇誑也 詫誇也 姹同上丨女 咤叱也丨 奓張也開也 衩衣丨本皆

來韻差責切 ○駕江亞切車乘也 價丨數物所直 嫁送女歸夫曰丨 架屋丨衣丨 ⿰扌叚

舉閣 假以物貸人也 稼種曰丨 ○亞衣架切次也 稏穲丨禾名 婭兩壻相謂為丨

迓迎丨 訝嗟丨疑怪也 呀碾也 ○霸邦罵切丨把也把持諸侯之權 弝弓弣 灞水名

靶轡革 壩障水 ○罷旁罵切休也 耙丨稏 把田器 垻平川為丨 ○怕傍罵切畏

惧也 帕傍罵切畏惧也 帕衣幞 帊同上 ○跨匡化切越也騎也 胯兩股也 ○髂

枯架切膂骨 ○⿰扌窊汪卦切吳人云牽亦為丨也 ⿰足窊丨踏溚地用力 窊啓丁處也 凹下不

平也 ○大堂那切小大之對 ○⿱穴瓦王卦切泥丨屋 ○沙所嫁切嘶也 ○那奴嫁

切或曰他也

入作去聲

韈忘罵切足衣 韤同上 ○納囊亞切入也受也 捺搦戰也 妠始丨聚物 㩉打丨

衲補丨 ○抹叶罵塗丨也 帓幞丨頭帶 袜丨肚 眇不正視 瞞脾面也 撥揳不

相正貌 傛丨滑健也 ○辣郎架切辛也 剌乖也 揧研破 櫔粗丨脫粟也 拹擸幹

而殺之 臘歲中祭神之名 蠟蜂脾凝者為丨 拉摧也 擸折也 鑞錫也 邋丨遢行貌 𨓈

齀丨 ○鴨羊架切水禽 壓鎮也 押簽書文字也 擪持也 軋車輾 圠山曲 𩵽魚名

車遮

平聲

車昌蛇切|舍也硨|磲○遮張蛇切蔽也○爺移遮切父曰|瑯瑯|郡名耶

疑辭鋣鏌鋣椰木名呆或曰痴|○蛇繩遮切毒虫佘姓也闍闉|城上重門○

迦雞耶切釋|○茄其耶切菜名伽胡人名又|藍○爹多呆切俗呼父爲|○

靴虛遮切鞾屬○嗟兹些切歎也咨也罝兔罟○瘸槀靴切脚手病髗手足疾骫

○些西嗟切少也○奢聲遮切侈也賒貰買曰|畬火種田○偞即爹切又

雖靴切○斜辭嗟切不正邪姦思也

上作平聲

者叶遮此也○也叶耶語已辭

入作平聲

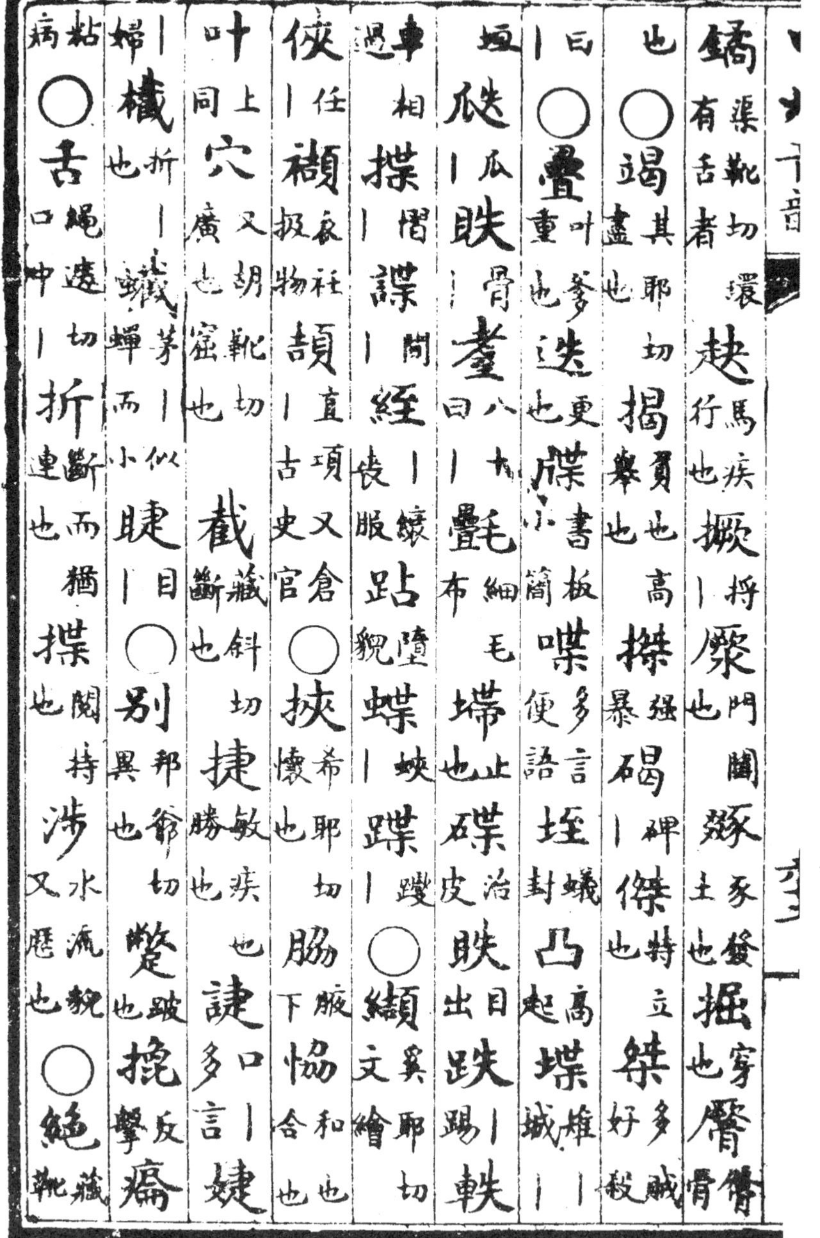

鐍渠靴切環有舌者　趉馬疾行也　撅捋｜　橜門闑也　豩豕發土也　掘穿也　⿱厥骨髑骨也

○竭其耶切盡也　揭負也高舉也　榤強暴　碣碑｜　傑特立也　桀多賊好殺曰｜

○疊叶爹重也　迭更也　牒書板小簡　喋多言便語　垤蟻封　凸高起　堞雉｜城｜垣

瓞瓜｜　眣骨｜　耋八十曰｜　氎細毛布　墆止也　碟治皮　眣目出　跌｜踢　軼車相過

揲摺｜　諜間｜　絰｜縗喪服　跕墮貌　蜨蛺｜　蹀躞｜　○纈奚耶切文繪

俠任｜　襭衣衽扱物　頡直項又倉｜古史官　○挾希耶切懷也　脇腋下　恊和也合也

叶上同　穴又胡靴切廣也窟也　截藏斜切斷也　捷敏疾也勝也　𧩙口｜多言　婕｜婦

㰒折｜也　蠽茅｜似蟬而小　睫目｜　○別邦爺切異也　躄跛也　撆反擊　癟粘病

○舌繩遮切口中｜　折斷而猶連也　揲閱持也　渉水流貌又歷也　○絕藏靴

切斷也○轍張蛇切車丨哲智也撤發丨又去也牒縷切也蟄丨虫又藏也

輙專也○[illegible]徐靴切踰也[illegible]枯也

上聲

者叶遮上聲語助赭赤色○野叶耶上聲郊外曰丨也語已辭埜與野同冶鎔也

○乜忙也切蕃姓○捨叶賒上聲棄也釋也舍止息也○姐叶嗟上聲蜀人呼母

曰丨○且倉姐切丨發語姑○惹讓者切亂也引著也喏敬言若般丨出釋典○

撦昌惹切裂開衣哆昬下垂貌扯或曰手拽也○寫桑姐切謄抄瀉洩水

入作上聲

屑叶寫丨丨不安也楔櫼也躠蹩丨旋行貌糏米麥破也偰高辛氏子商之祖也揟

緤丨 紲繫也 泄漏也 薛莎也又姓 褻狎近也 燮和也 屧屐也 絏縲丨 躞蹀丨 蠂

嬻也狎也 ○噦於決切嘔也逆氣也 ○缺區也切虧也又少也 闕門觀 闋隙也終也 ○

暍衣結切傷暑 咽哽丨悲塞也 謁請見也 饐養老之禮祝丨在前 ○歇希也切休

息也 蝎螫人虫 熁火氣丨上 嗋呵欠也 血氣丨 嚇怒也 ○結飢也切締也 訐

面斥人隱過 桔丨梗 羯犗丨羊羖也 揭丨起 潔清也 刼强取 趨丨趄走也 孑

單也 頰面丨 鋏長丨劍名 莢榆丨 筴著也 梜上同 ○節叶姐竹約又符丨 癤瘡丨

蠞似蟹生海中 淁丨洽 接相續也交也 楫短棹 ○切叶且割也近也 竊盜也 妾

女婢又不聘 唼丨佞譖言也 ○決居也切行流也 玦珮如環而缺 譎詭丨 訣别也

鴂鶗丨鳥名 抉縱弦彄也 蕨菜名 蹶跌也 趹馬疾行也 瘚氣逆 駃丨騠良馬也 厥

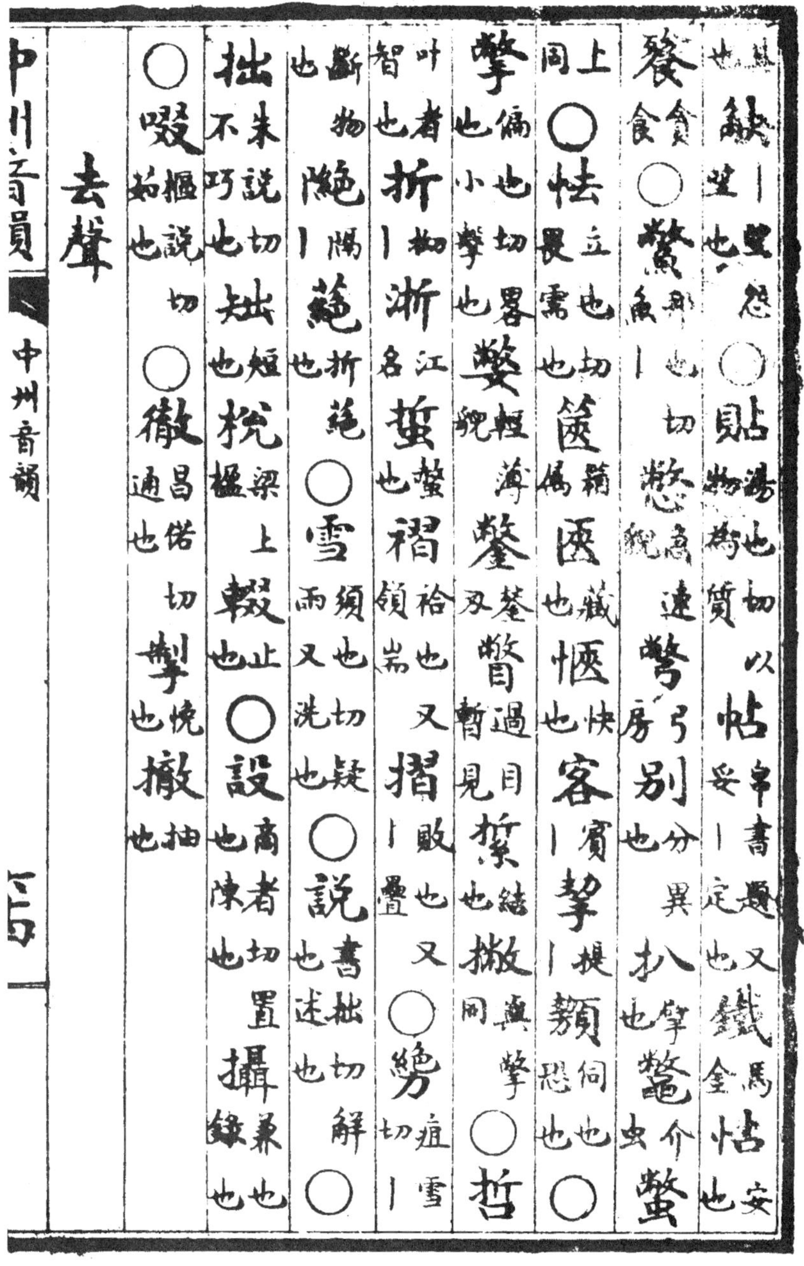

具也　缺丨望怨望也　○貼湯也切以物爲質　帖帛書題又妥丨定也　鐵馬金　怗安也

餮貪食　○鼈冊也切魚丨　憋急速貌　彆弓戾　別分異也　扒擘也　鼈介虫　蟞

上同　○怯立也切畏需也　篋箱屬　匧藏也　愜快也　客賓丨　挈提丨　頡伺也恐也　○

撆偏也切畧也小撆也　嫳輕薄貌　鐅釜刄　瞥過目暫見　摖結也　撇與撆同　○哲

叶者智也　折拗丨　浙江名　蜇螫也　褶袷也又領耑　摺敗也又丨疊　○絶疽雪切丨

斷物也　𨽍隔丨　蕝折蕝也　○雪須也切疑雨又洗也　○說書拙切解也述也　○

拙朱說切不巧也　[女出]短也　棁梁上楹　輟止也　○設商者切置也陳也　攝兼也錄也

○啜樞說切茹也　○徹昌偖切通也　掣挽也　撤抽也

去聲

卸夜借切馬去鞍丨瀉去水○謝詞借切榭臺丨藉薦也灺燈燭燼○舍

串廐切屋也赦宥丨舍也又厙姓也○社神廐切地主土神也射弓丨麝獸名貰

貸也○夜叶耶去聲暮也射僕丨官名拽引也○柘張射切木名蔗甘丨炙肉丨

鷓丨鴣○趄青夜切或曰行不進貌笪逆也搶[illegible][illegible]脚立○借茲夜切假丨

唶嘆聲

入作去聲

列郎夜切位序也烈火丨明盛也又光冽寒也捩拗丨裂發丨破也獵田狩揔名鬣

馬領毛籭編竹為之躐踐也○月魚夜切太陰之精刖絕也越發揚也樾木陰

曰語也悅喜觀閱觀也鉞大斧軏車轅端持衡曲木說與悅同粵于也[illegible]彭丨

似蟹而丨蚎同上⿰彳戈獸名○熱仁蔗切炎氣若丨丨盛多貌○捏尼夜切捻聚

埕塞也苶病力貌齧噬也嵲嵽丨山貌臲丨卼不安鑷丨子躡蹈也捻指丨蘖

麯丨聶附耳小語又姓臬法也又門橜也臬置巢截丨孽庶子也○滅迷夜切火息也

蔑無也懱輕丨篾竹皮䁾目青蠛丨蠓細虫○爇如月切燒也焫同上○劣

閭月切優丨弱也埒馬丨將蹶丨跳跟○拽叶夜引也葉枝丨曄光曜燁熚丨明盛

也饁餉田業事丨鄴地名擫指按也口噎食窒氣不通謁訪也孼妖丨麯丨額

顙也

庚清

平聲

庚難英切十幹名 鶊鶬｜ 更改也代也 賡續也 羹五味和｜ 畊犁田 秔稻之不黏者

驚惧也 京大也 經經綸又常也 荊木名 矜憫也 兢不自安貌 麖大鹿 涇水名 ○

生尸争切｜死又出也 笙十三簧 甥姊妹之子曰｜ 牲牛羊豚曰｜ 猩能言獸也 ○

争之生切鬬也 箏樂器十三弦 丁代木聲 䆵｜宏閧貌 ○ 丁低零切當也十幹名

釘鈴｜矛名 玎王聲 ⿰彳丁彾｜獨行 靪補履下也 叮嚀｜ ○ 征知聲切十伐下也 正

嵗之首月 貞正也 徵召也 蒸炬也 禎祥｜ 楨幹｜ 癥腹病 鯖煑貟正魚肉 鉦鐃似

鈴 烝炊也又下甑上也 ○ 扃居名切外閉之關 坰林外謂之｜ 駉駿馬 ○ 冰

巴明切水凍 兵戎也 幷兼也 ○ 登多稜切升也 燈火｜ 簦笠有柄謂之｜ 毾 㲪

毾｜罽也 ○ 憎兹僧切惡也 繒｜繳 矰弋射矢也 罾魚網有機者 曾則也 增益也

璔玉貌○明迷兵切光也顯也洺水名瞑閉目盟歃血以結信名成功也銘
丨明旌也鳴凡出聲者皆曰丨冥昏也溟海也蓂丨莢螟食苗心虫○靈離丁切神
也令使也聆聽也鴒鶺丨伶樂工也泠丨丨泉聲又水名醽淥酒櫺楯間子窗
隔也苓茯丨䗍螟丨桑虫蛉同上零落也齡年齒翎鳥羽鈴似鐘而小玲丨瓏玉聲
陵大阜也泠丨澤瓴甓似瓶有耳凌氷也蔆芰也菱同上麢大羊細角綾紋帛
輘車轢囹獄也○寧尼經切安也嚀叮丨○楞盧登切四方木稜威丨輘車聲
○層徂僧切級也曾嘗也嶒崚丨山貌矰瞢丨也○能奴登切才丨儜弱也
獰犬惡○藤徒楞切藟也丨蘿滕水超涌又國名謄移書傳鈔也縢約也騰傳也
躍也㾓丨痛螣神蛇儯倰丨長也疼痛也○輕欺盈切不重卿公丨傾側也轚

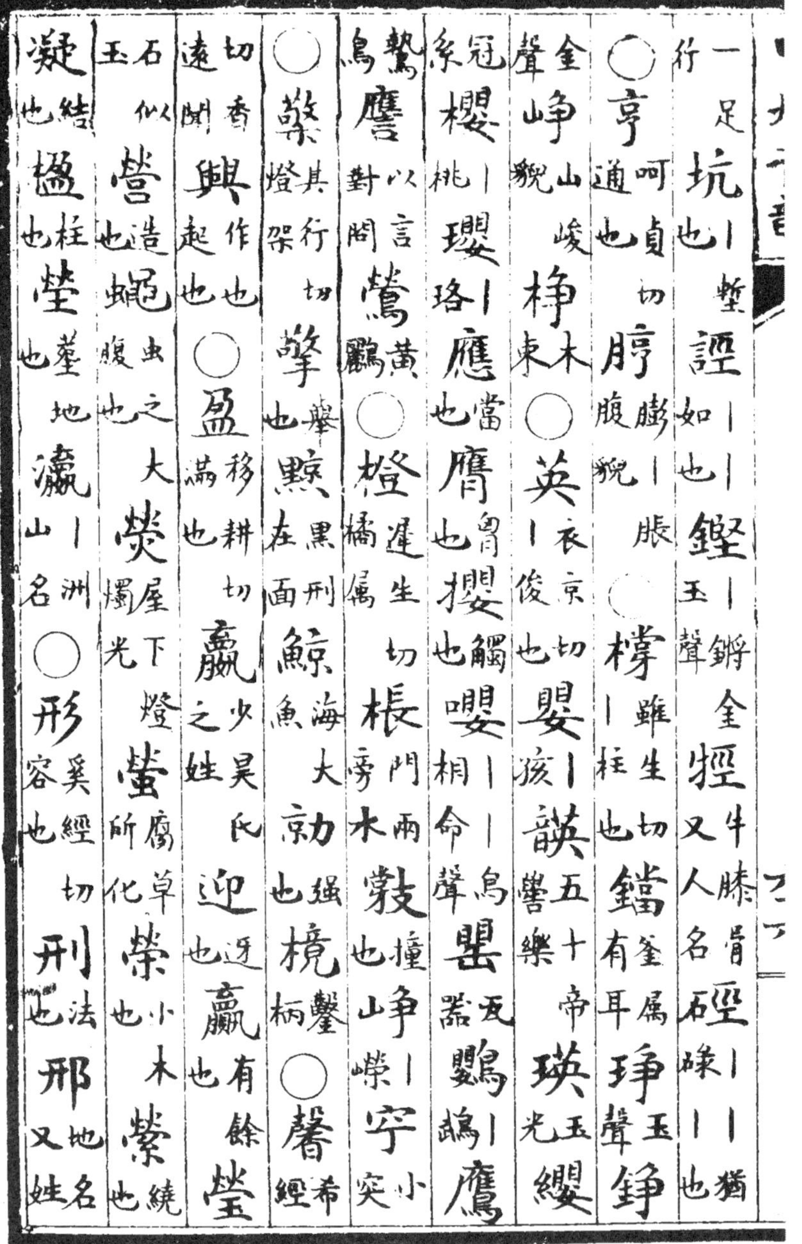

一足行坑｜塹也踁｜｜如也鏗｜鏘金玉聲牼牛膝骨又人名硜｜｜猶石硃｜也

○亨呵貞切通也脝膨｜脹腹貌○橕雖生切｜柱也鐺釜屬有耳琤玉聲錚

金聲崢山峻貌棦木束○英衣京切｜俊也嬰｜孩韺五十帝嚳樂瑛玉光纓

冠系櫻｜桃瓔｜珞應當也膺胷也攖觸也嚶｜｜鳥相命聲罌瓦器鸚｜鵡鷹

鷙鳥譍以言對問鶯黃鸝○橙遲生切橘屬棖門兩旁木敞撞也崢｜山嶸穵小突

○檠其行切燈架擎擎也黥黑刑左面鯨海大魚勍强也檠鐙柄○馨希經

切香遠聞興作也起也○盈移耕切滿也嬴少昊氏之姓迎迓也贏有餘也瑩

石似玉營造也蠅虫之大腹也熒屋下燈燭光螢腐草所化榮小木也縈繞也

凝結也楹柱也塋塋地也瀛｜洲山名○形奚經切容也刑法也邢地名又姓

陘井｜在趙 衡權｜ 桁屋｜ 鉶祭器 胻牛勢胻也 硎砥石 珩玉名 蘅香草 行步也

莖草本幹也 恒常也 ○瓊渠營切玉名 惸獨也 煢無兄弟也 ○青妻星切東方色

清澄也 圊圂也 鯖魚名 ○精茲星切真氣也 菁蕪｜ 鶄鵁｜ 蜻蜓｜ 晶精光也水

｜也 旌表也 睛目｜ ○情齊星切意思也 晴天｜ 鯖煑食也 䝼｜受賜也 ○偁

癡升切｜舉 檉木名河柳也 蟶蚌屬 赬赤色 稱揚也 ○呈池繩切示也 程課也

酲病酒 珵玉名 城五雉為｜ 成就也 誠無偽也 宬屋容受也 承奉也 丞副貳也

懲戒也 乘御也登也 塍畔也 盛容受也 郕國名 裎裸｜露體也 瞪直視貌 澄

清也 ○升施征切登也 聲音也 陞陟也 勝任也 昇｜平 ○星梭精切宿名 腥

生肉曰｜ 醒醉蘇 鮏魚臭 箵篝｜ 鉎鉄｜ 惺悟也 騂牲赤色 ○亭題零切｜榭

停止也庭宮中廷朝中霆疾雷蜓蜻｜婷娉｜好貌莛美筳維絲筦莛草莖渟

水止楟山梨木名娗｜｜容好貌○俜批明切伶｜行不正怦心急也娉｜婷美貌

竮竛｜砰硄｜石聲閛閉門扉聲○汀梯零切水漈平地廳治官處綎綬也聽

｜受也鞓帶常鞓上同○繩蛇征切索也直也澠水名○仍而爭切因也重也

○僜拖燈切醉行貌瞪｜瞻有視也○僧思增切沙門鬙鬅｜髮亂貌○平

毘明切正也均也憑依也評品論也凭隱几屏｜風馮徒涉也瓶汲水器萍

藻也枰博局也○餳詞情切飴餳

上聲

景江影切光也慕也境界也警寤也頸頭莖埂堤封哽咽塞也耿介也鯁骨｜

骾骨留咽中綆汲索梗桔梗藥名丨璟玉光彩○丙邦茗切十幹名炳明也屛除也

柄持也稟受命也餅湯餅丨秉執持邴邑名○影衣景切形影丨○郢羊景切地

頴穗也頴丨川郡癭頸瘤也○省叶生上聲視也眚災也瘠瘦丨○茗叶名

上聲茶晚取者皿器丨酩酊丨瞑閉目○井叶晶上聲丨泉邢丨邢地名○冷叶稜

上聲寒也○整叶征上聲齊也拯救也○逞叶称上聲矜也騁馳騖○請叶青上聲

謁也○領叶令上聲項背嶺山道袊衣丨○頃叶卿上聲田百畝也檾枲草○頂

叶丁上聲頭顛鼎法象寶器酊酩丨艼茗丨無所知○挺叶听上聲超拔也梃丨杖

也艇船小而長娗長好貌頲直也鋌箭丨町田畝莛草莖圢平也○等叶登

上聲齊也○省叶星上聲察也醒醉寤惺悟也○涬希景切瀴丨大水丨○礦古猛

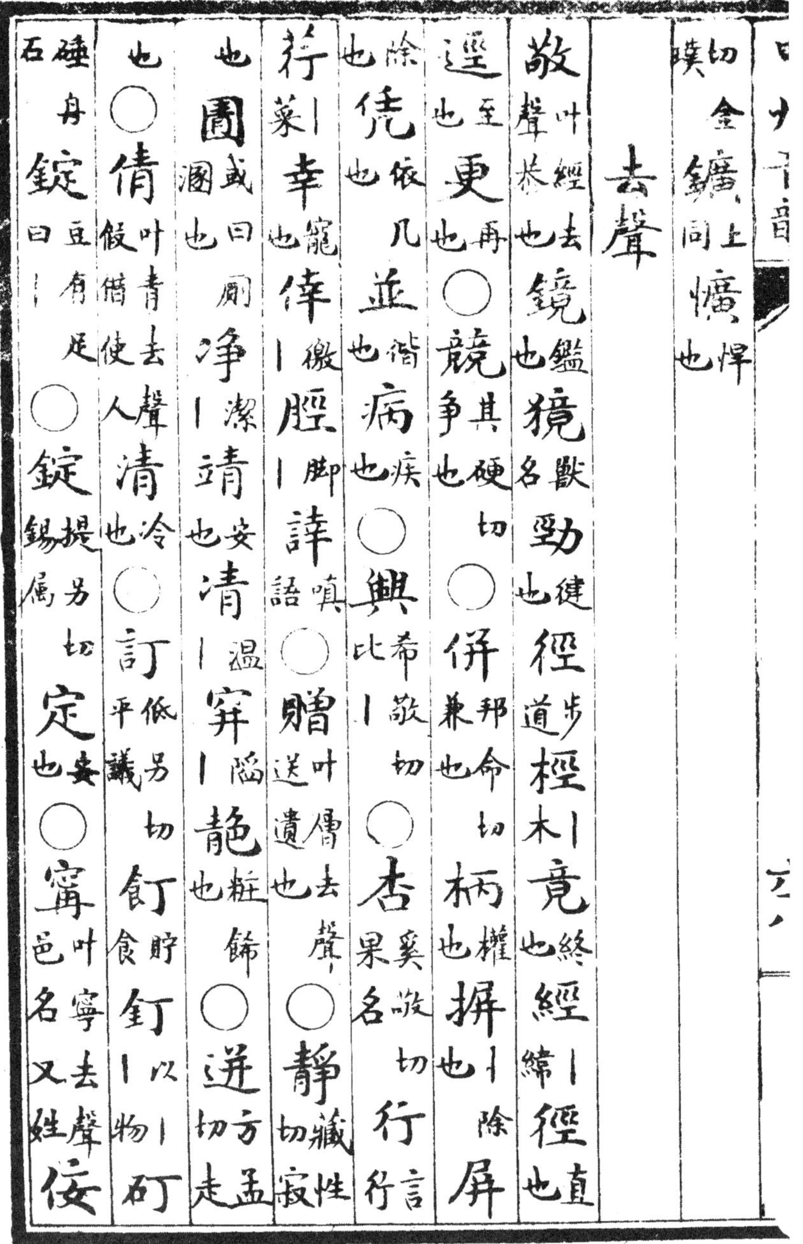

切嗼金鑛上同懭悍也

去聲

敬叶經去聲恭也鏡鑑也獍獸名勁健也徑步道桱木丨竟終也經緯丨徑直也

逕至也更再也○競其硬切爭也○倂邦命切兼也柄權也摒丨除也丨屏

除也凭依几也並偕也病疾也○興希敬切比丨○杏奚敬切果名行言行

荇丨菜幸寵也倖徼丨脛脚丨諱嗔語○贈叶僧去聲送遺也○靜藏性切寂

也圊或曰廁溷也淨潔丨靖安也清溫丨穽陷丨靘粧飾也○迸方孟切走

也○倩叶青去聲假借使人凊冷也○訂低另切平議飣貯食釘以丨丨物矴

碇舟石錠豆有足曰丨○錠提另切錫屬定安也○甯叶寧去聲邑名又姓佞

巧諂捷給 濘泥淖 寧願詞 ○映叶英去聲明相照也 暎｜帶左右 譍以言對也 應物相
｜ 媵送女從嫁 ○硬魚侒切堅也強也 迎親｜迓也 凝水堅 ○聽他定切聆也
庭逕｜隔遠貌 ○慶叶輕去聲行賀人也 罄器空也 謦｜欬 磬樂之石也 [殸+足]一足
行 ○命叶明去聲性｜又使也 瞑閉目 瞑夕也 ○諍叶爭去聲諫｜ 挣或曰勉強
也 憕開張畫繪也 ○正叶征去聲平也長也 証諫｜ 政大曰政小曰事 證驗也 ○
鄭長剌切國名又姓 ○聖商正切生也睿也 勝｜負之對 ○乘禳正切車｜也 盛
茂也 剩餘也 賸多也 晟明也 ○秤昌盛切衡者稱也 稱權衡 ○姓叶星去聲｜氏
性天理在人曰｜ ○令叶靈去聲命｜律也 另別也 ○聘滂命切問也謗也 娉娶問
○鐙當稜切馬鞍踏 磴巖也 嶝小坂 凳几屬 隥梯也 ○鄧唐稜切國名又姓 蹬

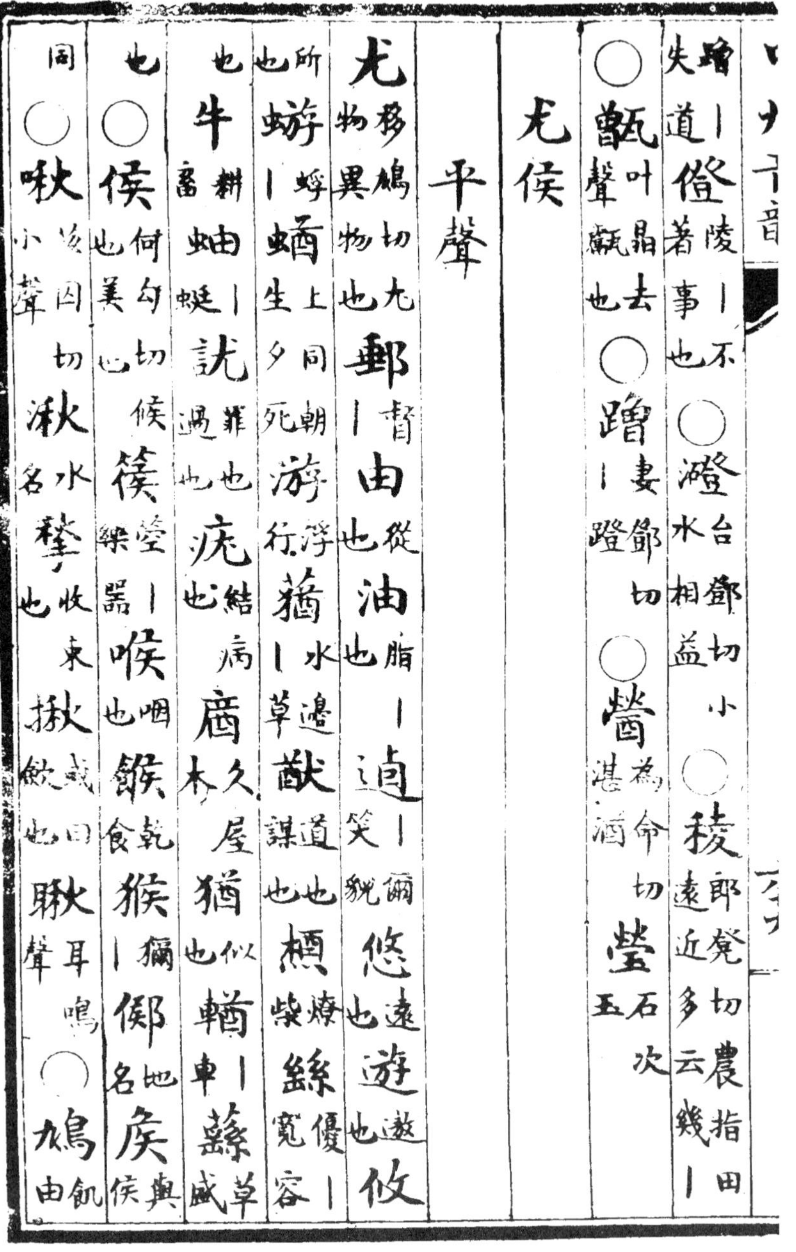

蹭｜失道 僜 陵｜不着事也 ○ 澄 台鄧切 水相益 小 ○ 稜 郎凳切 遠近多云 農 指田｜錢

○ 甑 叶晶去聲 甑也 ○ 蹭 ｜蹬 妻鄧切 ○ 醟 為命切 湛酒 瑩 石次五

尤侯

平聲

尤 移鳩切 物異物也 郵 ｜督 由 從也 油 脂也 ｜ 逌 笑貌 爾 悠 遠也 遊 遨也 攸 所也 蝣 蜉｜ 蝤 上同 朝生夕死 游 浮行 蕕 水邊草 ｜ 猷 道也 謀也 槱 燎柴 繇 寬優容｜ 也

牛 耕畜 蚰 ｜蜒 訧 罪也 過也 疣 結病也 庮 久屋木 猶 似也 輶 車｜ 蘨 草盛 也

○ 侯 何勾切 美也 也 篌 箜｜樂器 喉 咽也 餱 乾食 猴 獼｜ 鄇 地名 矦 與侯同

○ 啾 將由切 小聲 湫 水名 揫 收束也 揪 揪斂也 𦖠 耳鳴聲 ○ 鳩 飢由

中州音韻

切鳥名又聚也鬮鬥取也樛木枝曲垂軥車軨長也料高木○溲酥侯切便溺漱

浣也鏤雕鏤艘舡之總名○聚之搜切木名陬隅也搊丨手謅丨諑陰啾小言騶

廏御緅青赤色棷薪之别名鯫魚名又小人之貌鄒縣名又姓○搜之鄒切丨然動

疾也索也廋匿也趨趨丨不進颼丨飅風貌蒐求索○休希鳩切美善也庥庇丨

癃也咻噢丨痛怨聲貅貔丨猛獸貅同上䮌馬名○謳阿勾切歌也吟也漚水上

泡又水鳥鷗水鳥區姓也歐丨刀又姓甌小盆嘔小兒聲○彪巴矛切虎文又小虎

○摳拖妻切挈衣探也彄弓丨剾剜裏瞘目深瞘丨○鉤哥謳切曲也又鈎丨句

曲也篝燻籠溝水瀆韝射臂決篝丨籠也盖然火兩籠罩其上也鴝丨鵒鳥名緱刀劒

頭纓縧褠單衣○兜多婁切丨鍪首鎧篼飼馬籠也㨮批也吺輕出言也○秋

粗四切金行之時 鞦馬鞦| 楸梓屬 鶖禿| 鞧車| 鰍魚名 萩吹簫 緧牛馬|也 ○

劉郎丟切殺也又姓 留住也上也 瀏水清 鶹鳥少美長醜 騮赤馬黑鬣 流水行也

榴石|果名 旒冕| 瘤瘤也 遛逗| 鏐黃金美者 瑠|璃 ○柔如州切順也耎也

鍒鐵之耎者 揉捻也又調順 鞣熟皮 蹂踐穀 ○牟麻彪切牛鳴又中|地名 眸目瞳

子 麰大麥 矛戈| 鍪釜屬又兜|首鎧 侔齊等 繆絲千累 蟊食苗根虫 ○婁

羅兜切宿名空也 樓重屋 摟牽也又探取 蔞|蒿也 髏髑| 膢祭名也 螻|蛄

僂||謹敬 艛艅|舟名 傴| ○杯蒲侯切引取 掊|克 括手掬之也 裒聚也

○涪房鳩切水名 ○頭陀婁切首也 投擲也 骰|子博陸采具 牏|廁內受糞函

○偷拖婁切薄也盜也 鍮|石似金 媮薄也又巧黠也 ○憂衣鳩切愁也病也 嚘

咿|嘆聲 幽深也 香 呦鹿聲 優|劣也饒也 耰摩田器 麀牝鹿 攸所也 怮遠也

○蕕慈秋切|液 遒盡也 酋|長魁帥之稱 囚拘也繫也 泅泳也人浮水上 ○紬長柔切大絲紬 儔衆也侶也 疇耕治之田 裯單被 稠密也 籌壺矢又筭也 躊|躇 讎匹也 酬答也報也 綢纏也 犨白色牛 ○脩思揪切脯也長也 修飾也 羞恥也 饈當作羞致滋味為| 餚饋也 ○抽昌柔切援也引也 瘳疾瘉 ○周張柔切備也遍也 輈車轅也 州五黨為| 舟載也 賙振贍 啁噍鳥聲 洲水中可居 週迴也 ○收賒周切聚也斂也 ○丘溪由切年也又|陵 坵或曰同上 蚯|蚓虫名 龜|茲國名 ○芻又搜切酒| 搊手| 謅陰私小言 ○愁鋤搜切憂悲也 湫腹中有水氣也 ○求其由切覓也索也 裘皮衣 仇讎也 俅戴弁 馗逵也 球美玉 銶鑿屬 毬毛|古謂之鞠

蚪無角龍 虯上同 賕枉法致賂 蟉蚴|龍貌 樛本下曲也 ○ 齁呵勾切|鼾鼻息也

入作平聲

軸直由切車| 逐追也 ○ 熟商由切成也 孰誰也 淑善也 ○ 喌叶周啅雞聲

粥麋| ○ 叔叶收季也 倏|忽又犬走疾

上聲

柳叶留上聲木名 飀飀|風貌 綹十絲爲| 罶魚梁 ○ 鈕尼久切印鼻又姓 紐結也

杻|手轉貌 狃相狎也 ○ 丑叶抽上聲長名 醜惡也 杻手械 杽上同 ○ 睭叶周

上聲明| 帚箕| 箒同上 椆執|也 肘臂|也 疛小腹痛 ○ 九舉有切數也

久長| 玖玉名 韭葷菜名 灸灼體療病 糾絞也督也 㚢女字也 雂姓也 疚|病

也○首叶收上聲始也頭也手丨足守主丨○酒貲友切儀狄杜康所作○溲

思走切丨麵溲沃也獀春獵曰丨又犬名○有移九切丨無莠草也酉辰名黝

黑也牖關明也友同志為丨誘導也㤥憂貌羑丨里文王所囚處○斗叶兜上聲

十升為丨陡丨陖襡衣袖枓柱上方木㪷與斗同抖丨擻舉貌蚪蝌丨○茍叶勾

上聲丨且也耇老壽也狗犬也垢塵也枸丨杞詬恥也岣丨嶁山巔茩薢丨○

藕魚口切芙蓉根偶伉儷也耦耕也○叟桑走切尊考之稱藪大澤瞍目無眸子

嗾使犬聲擻枓丨舉也○摟叶婁上聲探取塿培丨小阜簍籠也漊通水溝嶁

山巔耬耕畦斣斣丨兵奪人物○吼呵茍切虓聲一曰牛鳴㖃厚怒忿聲也○走

慈叟切趨走也○剖滂九切判也破也婄婦人貌⿱髟咅髮貌蔀櫝也又菜名○歐

叶謳上聲吐也 嘔同上 褔久衣 毆捶擊也 ○口枯厚切易兊為｜ ○朽虛久切腐

也 ○否方久切不也 ○揉仁九切矯｜ 蹂蹙踐也

入作上聲

燭叶肘蠋炬也 粥糜｜ 祝祭詞也 竺天｜國名 竹｜木也 ○宿叶羞上聲止息

也 ○叔叶手｜季也

去聲

又移究切更也 右左｜ 宥寬也 祐神助 柚條也 侑配也 囿苑有垣 狖獸名似猿

佑佐也助也 幼少也 油濯子桐花曰｜ ○究飢又切窮也 廄馬舍也 宄貧病 疚

久疾 救振也援也 ○臼其又切舂｜象形 柩尸｜ 舅母之兄弟 舊故也久也 咎愆也

惡也 ○晝叶周去聲日中也 呪咀丨 ○冑長壽初裔也 紂殘義損善曰丨 宙宇丨

[黹+寸]與紂同 籀篆丨 伷系也 ○獸叶收去聲四足曰丨又走曰丨 狩巡丨 首有咎自陳

○售神呪切賣物去手也 受容納也 壽老年 授付也 綬組丨 ○扣康候切擊也

冦仇也 蔻織具 簆織具 叩問也 ○嗽桑奏切欬丨 漱澣滌又盥也 謏誘丨怒言

也 嗾使犬聲 ○皺庄瘦切面丨又眉攢 縐蹙也 瘷縮小 驟馬疾行 甃瓦甓 ○

騶床瘦切上同奔也 僽僝丨惡言詈也 㑳任身也 ○簉初救切倅也齊也 [艹+造]草根

也 ○溜叶留去聲水丨 霤屋水流 嬼美好 留宿丨停待貌 窌地名 ○鷲藏秀

切烏黑色 就成也 [山+就]山名 ○復防又切又也 ○輮叶柔去聲車輞 蹂踐也 揉捻也

順也 糅雜也又雜飯 ○臭叶抽去聲氣之摠名 ○嗅叶休去聲以鼻取氣 糗熬米麥

○秀叶脩去聲榮也美也繡五彩刺文宿列星琇石次玉○岫叶囚去聲山有穴曰

|袖衣袂○瘦叶搜去聲臞瘠○候叶侯去聲伺也待也后君也皇|也逅邂|

後先|厚|薄又重也堠封|○茂忙搆切草豐盛也懋美也貿市易○鬭

當偏切鬬也爭也○豆唐漏切叔也又祭器脰項也逗|遛竇鑿垣為孔讀句|餖

飣|斣鬭也用力走也○耨囊闘切耘也○奏兹后切進上也走疾趋也○透

叶偷去聲通也徹也赲自投下也○遘叶溝去聲遇也搆合也又集也姤卦名又偶也又

覯遇見也垢塵|彀張弓詬耻也勾拘也又|當媾重婚也○楱倉嗽切橘

屬湊水會也輳輻|蔟太|律名腠膚|甃瓦甃揍投也○陋叶婁去聲鄙惡

也漏滲|刻|又鏤雕|瘻瘡也○謬叶矛去聲差誤也詐也繆紕|戾也○

覆方構切蓋也　伏烏抱子　㾈病重發也

入作去聲

六叶溜陰數也　陸路也　○肉叶柔去聲肌肉　○褥裀丨

尋侵

平聲

尋詞侵切搜求也　潯水名　鱏魚名口在腹下　燖火熱物　鐔劍鼻也　覃姓也　○侵妻心切漸進也　綅絳綫　祲精氣感祥　駸馬行疾也　○針知深切丨線　緘縫器　斟丨酌也　箴丨規　砧擣衣石　鱵魚名　瑊石次玉　○金飢吟切丨寶　今對古之稱　衿小帶　襟衣交衽　禁力所加也　○深疏針切邃也遠也　蔘蒲蒻之類　○簪之參切首笄屬

○鯵慈瑤切小魚曰｜○森尸簪切衆木貌滲流徙貌參宿名藥名○琛抽森

切寶也賝｜賮郴桂陽縣名今為州參｜差○音衣金切聲成文也陰｜陽之對

瘖疾不能言愔｜｜安和貌○心思侵切火藏身之主杺木名○欽欺吟切恭也

衾大被嶔｜崟山不正貌○歆希金切好樂也○哏呵金切金○林離金切平土有

叢曰｜淋沃也琳美玉霖霪謂之｜綝繕也當作琛箖竹名臨監也痳｜病○

壬如金切十幹名任堪也當也紝織｜鵀戴勝鳥○沉持深切沒也溺也霃久陰

湛與沉同鈂鍾屬沈與沉同○淫移金切亂也吟哦也婬奸｜崟嶔｜山貌

霪久雨○琴其吟切樂器芩草名禽飛曰｜擒捉也檎林｜果名○岑鋤森

切山小而高[illegible]或曰鳥名諶誠也信也涔漬也忱｜恂煁烓灶

上聲

廩叶林上聲有屋曰｜懍危俱也檁桁｜凜寒也○稔仁枕切穀熟飪飽也衽衣襟荏｜苒○審叶深上聲詳也熟究也瀋汁也嬸叔母曰｜沈姓也淰魚駭貌瞫窺視諗相思念也○錦叶金上聲織文○磣初錦切食有沙｜醦酢甚○瘆踈錦切寒病槮木實名也○枕叶針上聲臥薦首者魷魚子當作審○飲叶音上聲歠也○恁或曰你也○寢叶侵上聲臥也○怎茲搓切或曰何也

去聲

朕叶沉去聲天子之稱我也枕以自括物鴆毒鳥沉溺也○甚叶深去聲尤也深也椹桑實也○任叶壬去聲用也紝織｜衽衣衿妊孕也賃借也○禁叶金去聲制也

噤寒而口閉　澿丨寒　黔牛舌下病　○浸兹鴆切漬也　祲祆氣也　○賃叶吟去聲

儞也丨恁思也念也　○蔭叶陰去聲草陰地也　廕丨底　窨地屋　飲以飲之也　丨喑

泣不止又聲也　○沁叶侵去聲水名　伈恐貌　吣犬吐　䈜丨墨工人具　○臨叶林去聲

喪哭　○滲叶森去聲漉也　罧積柴水中以取魚　○讖初禁切符丨　○譛叶簪去聲

讒毀也　○啉芦禁切或云愚也　○唫他禁切或云撳　○闖欺禁切馬出門貌

監咸

平聲

菴烏甘切菴羅果也　丨庵小草舍也　鵪鶉属　諳記也練歷也　馣香也　腤煑魚肉也　喑

啼泣無聲　○擔負荷也　眈樂也　湛樂丨　躭與耽同　酖嗜酒　髧髮垂貌　○堪

軻 含切 可也 勝也 龕 浮圖塔 戡 克也 弇 蓋覆也 ○監 飢咸切 臨下也 緘 束篋 縢也

椷 木篋也 鑑 明也 ○三 思暫切 數名 參 上同 鬖 鬖｜髮長 毿 毛長毿 ○甘 哥含切 甜也 柑 橘屬 疳 小兒｜疾 苷 ｜草藥 泔 米汁 ○杉 師岩切 木名 衫 小襦也

髟 屈翼又長髮也 芟 刈也 ○貪 他婪切 ｜婪也 探 摸取也 窺索也 ○參 倉三切 趨叅也

驂 駕三馬 又｜乘 ○憨 可甘切 痴也 蚶 蚌屬 酣 酒樂也 ○簪 兹三切 簪也

臢 ｜腊 撍 盡也 噆 蜮云我也 ○嵌 欺岩切 ｜巖山險貌 鵮 鳥啄物也 ○坍 他藍切 水衝岸壞

○詀 竹咸切 ｜諵語聲 ○嶄 初銜切 岩山貌 ｜劖 斷也 刺也 攙 扶也 鑱 銳也

○渰 衣監切 沒也 亦作淊渰 ○摻 踈含切 女手 霯 微雨 ○南 那聃切 火方

楠 石｜ 喃 呢｜ 燕語 諵 詀｜語聲 男 ｜子也 又五等爵名 ○咸 奚監切 卦名 皆也 醎

與鹹同俗 諴和也諴也 鹹鹽味 銜官吏階位曰丨 函圅也容也 銜丨枚 ○婪羅擔切貪也 籃大篝 藍染青草 襤丨褸衣服 燣焦色 嵐岢丨山氣 又惏殺人而取其財曰丨

○潭徒藍切水深旋謂之丨 談言論也 譚國名又姓 燂火爇 餤進也 藫丨石衣 曇雲布 痰胷上水病 䨵深廣也 ○蠶藏含切吐絲虫 慙愧也 慚上同 ○含何甘切銜也 涵水澤多貌 邯地名 ○讒鉏咸切讚也 毚狡兔 巉丨巗高也 饞饕也 鑱銳也 攙刺也 儳儳丨貌惡 ○巖移監切險也又石窟 嵒巖也

上聲

敢叶甘上聲勇也 鰔魚名 感丨應格也 ⿷匚贛箱類又器蓋 橄丨欖果名 䃭石𤒦 ○唵烏敢切手進食也 俺大也 晻冥也 揞手覆 ○⿱⺮南那膽切竹弱 腩煑肉 揇丨搦 ○

慘妻覽切慽恨也　黲淺青黑色　憯痛也　○　糝叶三上聲米粒和羹　掺搖動也　顡動
也　○　昝叶簪上聲姓也　揝手動　○　坎叶堪上聲陷也險也　砍或曰斫也　欿食未飽也
惱憂困　廞｜嶮當作羙　轗｜軻多迍　○　覽叶藍上聲視也　攬手取　欖橄｜　壈坎｜
爁火皃　漤鹽漬果　懍黃焦　檻攄｜權網　○　毯叶紬去聲毛席　菼荻之初生　○　禫
徒感切除服祭名　倓安也　○　膽叶擔上聲肝｜　礵石｜藥名　紞冕前垂　○　減叶監
上聲損也耗也　鹻鹹也鹵也　○　喊希咸切聲也　○　斬之咸切斷首　○　黯衣減切人
名又深黑　黤青黑色

去聲

撼叶含去聲搖動　琀送死口中玉　憾恨也　頷頤｜感　顑面虛黃色　菡草木花未發　荅

苗丨心欲秀色　唅哺丨　𩟄食不飽也　○檐多濫切躡屩丨簦　甔丨石小甖　儋無丨石之

儲　○澹徒濫切水皃又丨泊　淡薄味　啖食也　啗餌之也　惔安靜也　菡丨萏　甔

丨食大饕　○譀休濫切誇誕　○檻奚監切欄也　艦戰船也　啗地噴也　䐶食肉不厭

也　臽小阱　轞車聲通作艦　錎車環　餡或曰餅中物也　○瞰溪監切視也　闞關也

○勘軻憾切轗也　磡巖崖之下　○紺叶甘去聲深青赤色　淦新丨縣名　灨水名　○

暗叶菴去聲日無光　闇寘也閉門也　○黮叶貪去聲不明皃　探取也　○贉徒探

切貪物預付錢也　潭沉水底沒丨　○濫叶藍去聲汎丨　醓泛丨齊行酒　纜維舟　婪

貪也　○暫玆監切不久　蹔上同　揝動也　鏨鑴石　○淹衣監切沒也　○慘粗濫

切痛也　○站痴濫切亦言獨立　湛露皃又澄也　蘸以物淬水中　賺重賣也　○

鑑叶監去声鏡所以照也又誡也 監領也視也 鑒誡也照也 ○懺叶攙去聲自陳悔也 ○

釤叶衫去聲大鎌也 覘暫見又瞻視 站相接丨物也 ○三西濫切丨之也

廉纖

平聲

廉离鹽切不貪也 簾箔也 鐮鍥也 臁美也 奩鑑匣也 帘酒丨 濂薄也又溪名 ○

纖西尖切細也微也 銛利也 暹日光進也 憸掩丨詖也 摻手好貌 [illegible][illegible]丨微雨 ○

瞻之廉切仰視 沾濕也濡也 占筮也 霑雨霖也 詹至也又姓 譫多言也 ○尖

兹纖切未銳 漸流入也漬也 瀸漬也没也 殲微盡也滅也 [illegible]麥秀 ○兼飢鹽切并

也 縑并絲繒又絹也 鶼北翼鳥 蒹葦屬 鰜比目魚 ○掂低廉切或曰丨折 敁

丨斂称量　詀轉語　○　苫草覆屋　痁瘧疾　○　髯仁占切頰須也　○　鮎尼兼切魚
名　黏丨趣也又著也　粘上同　拈指取物也　○　淹衣兼切漬也濡也　醃菹也又鹽漬魚
閹宦人主宮門者　厭足也　猒飽也　懨病也　○　鹽移兼切鹹鹺　炎火光上也　閻里門
又姓　嚴莊也毅也　簷丨也　檐　櫩步廊也　○　籤妻纖切驗也銳也　僉咸也皆也　懺
慓丨記　簽　○　釗丨切割也　槧牘也　○　蟾池髯切蟾光月彩　○　襜痴髯切丨褕蔽
膝也　覘闚視　幨丨帷　○　潛慈鹽切水伏流也　○　箝其鹽切鑰也瑣頭　鉗以鐵有所
劫束　鈐鐵鉆鋤也　黔黎也黑也　拑丨口不敢復言矣　○　燖詞纖切湯中爓肉也　撏丨摘
物　擣俗　○　添他廉切益也　舚丨舑吐舌貌　○　甜徒廉切甘也　恬安也靖也
湉水靖　○　謙欺鹽切遜也　○　忺希兼切意所欲　杴臿屬　蘞草味辛毒　稴禾傷肥也

○嬚奚兼切疑也僭 ○艌船丨

上聲

琰移瞼切璧上美也 剡銳利又削也 掞削也 扊丨扊戶牡所以止扉 ○掩於檢切遮也斂也 奄覆也忽也 唵手進食也 魘睡中丨也 黶中黑 罨網丨取物 渰雲雨貌 揜手丨物也擪持也 厴蟹腹下丨 埯土覆物也 晻日無光 ○斂叶廉上声收也聚也 臉面也 鎌廉也又小食也 ○撿叶兼上声物丨搜也 檢趨也斂也 瞼目上下丨 臉面丨 ○

冉叶髯上聲丨丨行貌 苒荏丨柔弱貌 染丨色 ○閃叶苫上聲譂避 陜地名 覘暫見 㴸水動貌 剡縣名 ○謟昌再切丨諛 讇佞丨 ○忝他斂切玷辱也累也 ○點當斂切丨註又更丨 㓠研也 ○慊叶謙上聲恨也 歉食不飽 ○颭昌染切風吹落木

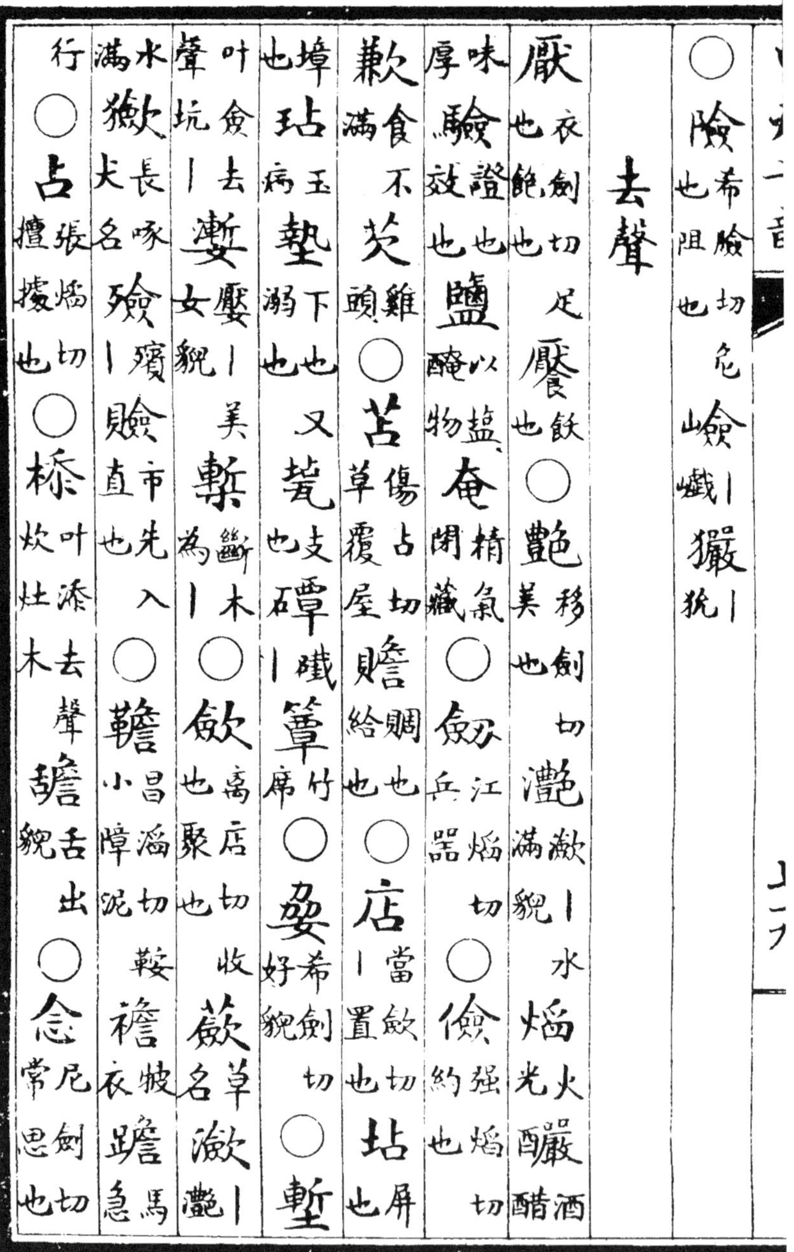

○險希臉切危也阻也　嶮丨巇　玁丨狁

去聲

厭衣劍切足也飽也　饜飫也　○艷移劍切美也　灩瀲丨水滿貌　燄火光　釅酒醋

味厚　驗證也效也　鹽以鹽醃物　奄精氣閉藏　○劒江焰切兵器　○儉强焰切約也

歉食不滿　芡雞頭　○苫傷占切草覆屋　贍賙也給也　○店當斂切丨置也　坫屏也

墇也　玷玉病　墊下也又溺也　⿱占瓦支也　磹䃸丨　簟竹席　○⿱⿱力力女希劍切好貌　○塹

叶僉去聲坑丨　⿱斬女嬮丨美女貌　槧斷木為丨　○斂离店切收也聚也　蘞草名　瀲丨灩

水滿　獫長喙犬名　殮殯丨　⿰貝僉市先入直也　○韂昌焰切鞍小障泥　襜被衣　⿰足詹馬急

行　○占張焰切擅據也　○⿰木忝叶添去聲炊灶木　舚舌出貌　○念尼劍切常思也

艌或曰舡也 ○欠欺𣵀切丨申 芡雞頭 歉食不滿 ○漸叶潛去聲稍也進也

○染叶髯去聲污也丨之也 ○僭叶尖去聲侵也儗也

中州音韻卷終

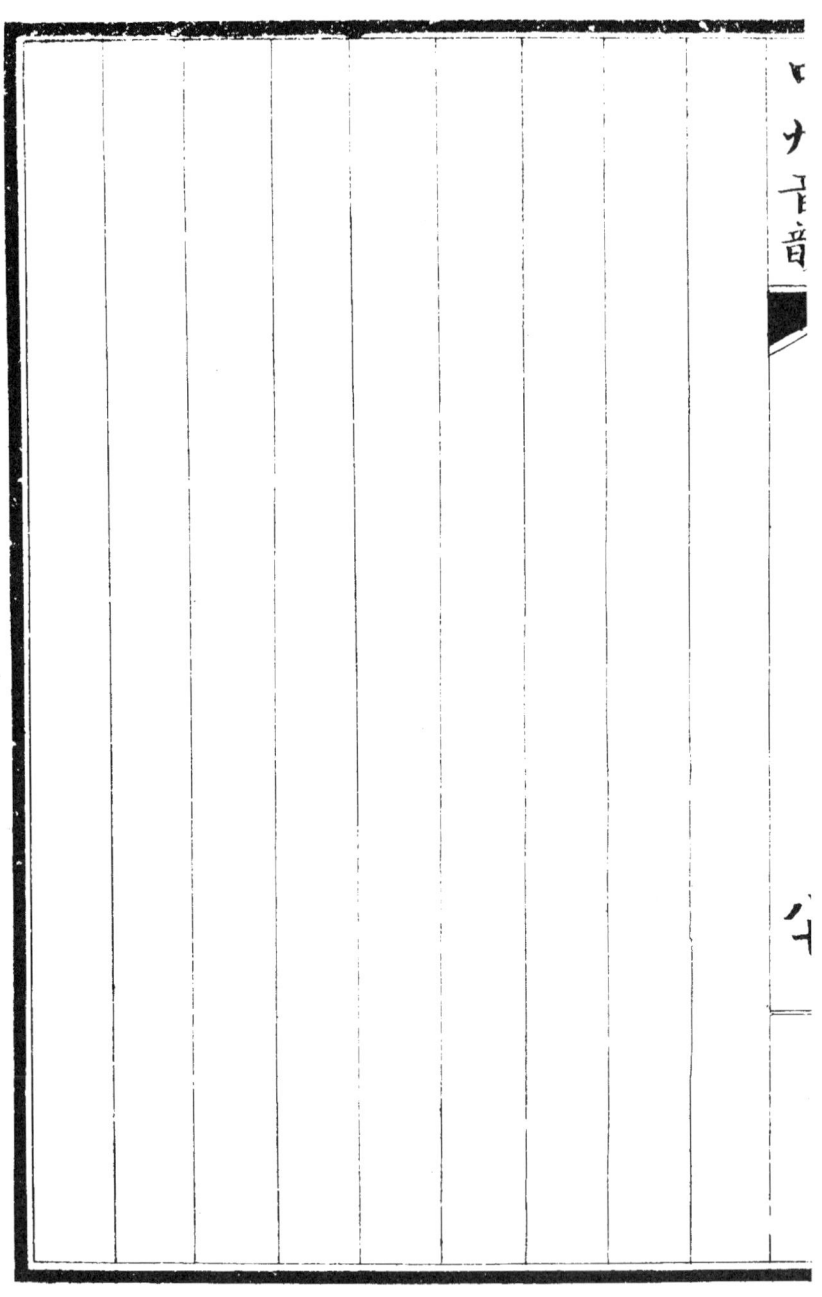

司馬温公切韻

三十六母清濁分配總圖

牙音	木	角
舌頭音、舌上音	火	徵
重唇音、輕唇音	水	羽
齒頭音、正齒音	金	商
喉音	土	宮
半舌	半火	半徵
半齒	半金	半商

全清　見端知幫非精照影

次清　溪透徹滂敷清穿曉

全濁　羣定澄並奉從床匣

半清半濁　疑泥孃明微　喻來日

【次清】　心審

【全濁】　邪禪

辨清濁

端見純清與此知　精隨照影及幫非

次清十字審心曉　穿透滂敷清徹溪

全濁羣邪澄並匣　從禪定奉與牀齊

半清半濁微孃喻　疑日明來共八泥

牙舌唇齒喉分配

見溪羣疑屬牙收（此四母總統前四等）

端透定泥舌頭浮（此一十三母分屬頭一等并第四等）知徹澄孃舌上是（此一十二母分屬中間第二等并第三等）

幫滂並明重唇求　非敷奉微輕唇取

精清從心邪齒頭　照穿牀審禪正齒

曉匣影喻在咽喉

更有來日齒兼舌

雙闕各半是其傳（此六母總統後四等）

此牙舌唇齒喉分配三十六字母之歌也其布置之位必如此安排者懼人不知是圖四等之分屬故先著明于前著明于前庶學者知悟于後也續詩一絕于左

明等第

端精二位兩頭居（此謂自端透定泥至精清從心邪一十三母分屬頭一等并第四等也）

知照中間次第呼此謂知徹澄娘至照穿牀審禪一十三母分屬中間第二等并第三等也

來曉見皆兼四等此謂曉匣影喻來五母并前見溪群疑四母是直統乎四等者也

日非三等外全無此句明日母并非敷奉微四母只第三等中有字自三等之外全無字也故曰外全無文仍其舊特加注以便蒙耳

五行分配

木牙火舌水唇儔　齒屬金兮土屬喉

半火半金來日配　五行定律此源求

五音分配

角木叅兮徵火煁　羽能諧水商含金

中宮主土位斯正　半徵半商來日尋

交互音

知照非敷遞互通（此謂知母下等字音聲與照母下音聲相同而非母下等字之音亦與敷等音相同也餘倣此）

泥孃穿徹用時同　澄牀疑喻相連屬　六母交叅一處融

五土音

自古音非有異同　緣居方異即殊宗　東方齒便南脣

屬北土喉歸西咢從順齒免知難咢轉慣喉豈頓解脣喁音聲同異隨圖舒反異歸同一軌蹤

鄉談辨搭

方言豈但分南北區域比鄰便異音不有指南存砥柱更於何處定浮沉

讀等子法

先讀四聲歸諸本母以見母直讀起如公䩵貢穀見空孔控哭溪至◯◯◯◯日是也次以四聲調諸本韻以脣音橫讀起如◯絳蓬蒙琫◯菶嚎次舌次牙

齒喉次半舌半齒是也復以五音攝諸本韻以東字跳讀如東○東公葼翁籠○東是也後以本韻歸諸木攝如東董送屋冬○宋沃通攝內一侷門是也四等畢然後再及次攝十六攝熟無復留難矣故一遇字則知其為某韻某攝內某母下即知其為何字也識者當自得之

通攝內一	見	溪	羣	疑	端知	透徹	定澄	泥孃	幫非	滂敷	並奉	明微
	公	空	頄	岏	東	通	同	齈	〇	夆	蓬	蒙
	輨	孔	〇	湡	董	洞	動	繷	琫	〇	菶	蠓
	貢	控	〇	〇	凍	痛	洞	齈	〇	〇	槰	幪
	穀	哭	〇	擢	穀	秃	獨	耨	卜	扑	暴	木
	〇	〇	〇	〇	〇	〇	〇	〇	〇	〇	〇	〇
	〇	〇	〇	〇	〇	〇	〇	〇	〇	〇	〇	〇
	〇	〇	〇	〇	〇	〇	〇	〇	〇	〇	〇	〇
	〇	〇	〇	〇	〇	〇	〇	〇	〇	〇	〇	〇
侷門	恭	銎	蛩	顒	中	踵	重	醲	封	峰	逢	瞢
	拱	恐	𣏰	〇	冢	寵	重	〇	覂	捧	奉	〇
	供	恐	共	𡵓	湩	蹱	重	〇	諷	葑	俸	艨
	輂	曲	局	玉	瘃	棟	躅	傉	匚	蝮	幞	媢
	〇	〇	〇	〇	〇	〇	〇	〇	〇	〇	〇	〇
	〇	〇	〇	〇	〇	〇	〇	〇	〇	〇	〇	〇
	〇	〇	〇	〇	〇	〇	〇	〇	〇	〇	〇	〇
	〇	〇	〇	〇	〇	〇	〇	〇	〇	〇	〇	〇

切韻

精	清	從	心	邪	曉	匣	影	喻	來	日		
照	穿	床	審	禪							韻	
葼	悤	叢	檧	○	烘	洪	翁	○	籠	○	東	冬
總	○	嵸	[illegible]	○	嗊	澒	蓊	○	曨	○	董	○
緵	謥	[illegible]	送	○	烘	哄	瓮	○	弄	○	送	宋
鏃	瘯	族	速	○	嗀	縠	屋	○	祿	○	屋	沃
○	○	崇	○	○	○	○	○	○	○	○	下	
○	○	○	○	○	○	○	○	○	○	○		
○	○	[illegible]	○	○	○	○	○	○	○	○		此攝
縬	珿	鷟	縮	○	○	○	○	○	○	○		所用
鍾	衝	○	舂	鱅	胷	雄	邕	○	龍	茸	鍾	指掌之
腫	[illegible]	○	○	尰	洶	○	擁	○	隴	宂	腫	字
種	揰	○	○	○	[illegible]	○	雍	趥	曨	[illegible]	用	作不
燭	娖	贖	束	蜀	旭	○	郁	囿	錄	辱	燭	獨出
縱	樅	從	蜙	松	○	○	○	容	○	○		韻本
縱	憁	○	悚	○	○	○	○	勇	○	○		獨圖
縱	○	從	○	頌	○	○	○	用	○	○		韻之
足	促	[illegible]	粟	續	○	○	○	欲	○	○		者內

此攝指掌作獨韻者所用之字不出本韻圖之內

江攝外一　見幫曉喻屬開　知照來日屬合

母	母	平	上	去	入	呼
見		江	講	絳	覺	開口呼
溪		腔	控	[illegible]	殼	開口呼
羣		○	○	○	[illegible]	開口呼
疑		[illegible]	○	○	嶽	開口呼
	知	椿	[illegible]	戇	斲	合口呼
	徹	惷	○	[illegible]	逴	合口呼
	澄	幢	○	[illegible]	濁	合口呼
	孃	聵	擃	鬞	搦	合口呼
幫		邦	綁	○	剝	開口呼
滂		胮	[illegible]	脹	璞	開口呼
並		龐	棒	○	雹	開口呼
明		厖	[illegible]	㤶	邈	開口呼

照	穿	床	審	禪	曉	匣	影	喻	來	日	韻	
○	囪	淙	雙	○	肛	栙	胦	○	瀧	○	江	此攝指掌亦作獨韻
○	傯	○	聳	○	傋	項	慃	○	○	○	講	
○	鬆	漴	淙	○	惷	巷	○	○	○	○	絳	
捉	娖	浞	朔	○	吒	學	渥	○	犖	○	覺	
合口呼					開口呼				合口呼			

止攝內二					開口呼				通門							
見	○	○	○	○	○	○	○	○	飢	几	兾	曁	○	枳	繫	吉
溪	○	○	○	○	○	○	○	○	攱	起	器	○	○	企	棄	詰
羣	○	○	○	○	○	○	○	○	奇	技	芰	姞	祇	○	○	佶
疑	○	○	○	○	○	○	○	○	狋	擬	魕	耴	齯	○	○	鯢
端知	○	○	○	○	○	○	○	○	知	徵	智	窒	○	○	帝	窒
透徹	○	○	○	○	○	○	○	○	絺	褫	尿	抶	○	體	○	○
定澄	○	○	○	○	○	○	○	○	馳	豸	緻	秩	○	弟	地	耋
泥孃	○	○	○	○	○	○	○	○	尼	昵	膩	暱	○	○	○	昵
幫非	○	○	○	○	陂	彼	○	○	陂	彼	賁	筆	畀	七	痺	必
滂敷	○	○	○	○	○	破	合口呼		鈹	破	帔	拂	紕	諀	譬	匹
並奉	○	○	○	○	○	被			皮	被	備	弼	舭	婢	鼻	邲
明微	○	○	○	○	糜	美	○	○	糜	美	縻	密	獼	渳	寐	蜜

入聲字見於臻攝

六

精	清	從	心	邪	曉	匣	影	喻	來	日		
照	穿	床	審	禪							韻	
○	○	○	○	○	○	○	○	○	○	○		微
○	○	○	○	○	○	○	○	○	○	○		韻
○	○	○	○	○	○	○	○	○	○	○		宜
○	○	○	○	○	○	○	○	○	○	○		併
菑	差	茌	釃	○	○	○	○	○	○	○		入
批	刺	士	史	○	○	○	○	○	○	○		脂
[illegible]	廁	○	駛	○	○	○	○	○	○	○		韻
櫛	刺	齜	瑟	○	○	○	○	○	○	○		
支	鴟	○	詩	時	犧	○	醫	○	離	而	脂	微
止	齒	舓	始	視	喜	○	倚	矣	邐	爾	旨	尾
志	[illegible]	示	屍	嗜	戲	○	懿	○	吏	二	至	未
質	叱	實	失	[illegible]	肸	○	乙	○	栗	日	質	物
貲	雌	慈	思	詞	咦	○	伊	移	○	○		
姊	此	[illegible]	枲	似	○	○	○	以	○	○		
恣	次	自	四	寺	○	系	撎	異	○	○		
堲	七	疾	悉	○	欯	○	一	逸	○	○		

止攝	內二	合口呼	通門	入聲字在於臻攝
見	○○○○	○○○○	龜軌[illegible]亥	[illegible]癸瞡橘
溪	○○○○	○○○○	虧巋喟屈	闚跬缺○
羣	○○○○	○○○○	逵跪匱倔	葵揆悸繘
疑	○○○○	○○○○	危硊僞崛	○峞○○
端知	○○○○	○○○○	追○轛[illegible]	○○○○
透徹	○○○○	○○○○	○崔○黜	○○○○
定澄	○○○○	○○○○	鎚○墜术	○○○○
泥孃	○○○○	○○○○	○萎諉貀	○○○○
幫非	○○○○	○○○○	非匪沸弗	○○○○
滂敷	○○○○	○○○○	霏斐費拂	○○○○
並奉	○○○○	○○○○	肥膹狒佛	○○○○
明微	○○○○	○○○○	微尾未物	○○○○

精	清	從	心	邪	曉	匣	影	喻	來	日		
照	穿	牀	審	禪							韻	
○	○	○	○	○	○	○	○	○	○	○		微
○	○	○	○	○	○	○	○	○	○	○		韻
○	○	○	○	○	○	○	○	○	○	○		宜
○	○	○	○	○	○	○	○	○	○	○		併
[illegible]	衰	○	衰	○	○	○	○	○	○	○		入
○	揣	○	○	○	○	○	○	○	○	○		脂
○	[illegible]	○	帥	○	○	○	○	○	○	○		韻
[illegible]	○	○	率	○	○	○	○	○	○	○		
錐	吹	○	○	垂	麾	○	逶	帷	灅	痿	微	脂
捶	○	○	水	箠	毀	○	委	蔿	壘	蘂	尾	旨
惴	吹	○	鋭	睡	毀	○	餧	位	類	枘	未	至
○	出	術	絀	○	颰	○	蔚	颲	律	○	物	質
崔	[illegible]	座	餒	隨	隓	○	洼	惟	○	○		
觜	綷	惢	髓	[illegible]	[illegible]	○	○	[illegible]	○	○		
醉	翠	萃	邃	遂	孈	○	恚	遺	○	○		
卒	焌	崒	卹	○	獝	驈	○	聿	○	○		

遇	攝	內三	獨韻	侷門	入聲字在通攝
見		孤古顧穀	○○○○	居舉據華	○○○○
溪		枯苦絝哭	○○○○	虛去敂曲	○○○○
羣		○○○○	○○○○	渠巨遽局	○○○○
疑		吾五誤擢	○○○○	魚語御玉	○○○○
端	知	都覩妒穀	○○○○	豬貯著瘃	○○○○
透	徹	珠土莬禿	○○○○	攄楮絮柣	○○○○
定	澄	徒杜渡獨	○○○○	除佇箸躅	○○○○
泥	孃	奴怒笯耨	○○○○	袽女女傉	○○○○
幫	非	逋補布卜	○○○○	跗甫付匸	○○○○
滂	敷	稗普怖扑	○○○○	敷撫赴○	○○○○
並	奉	酺簿捕暴	○○○○	扶父附幞	○○○○
明	微	模姥暮木	○○○○	無武務媢	○○○○

精照	清穿	從床	心審	邪禪	曉	匣	影	喻	來	日	韻	
租	麁	徂	蘇	○	呼	胡	烏	侉	盧	○	模	
祖	蔖	粗	鹵	○	虎	户	鴮	○	魯	○	姥	
作	厝	祚	訴	○	謼	護	汙	○	路	○	暮	
鏃	瘯	族	速	○	嗀	縠	屋	○	祿	○	屋	
菹	初	鉏	疏	○	○	○	○	○	○	○		
阻	楚	齟	所	○	○	○	○	○	○	○		
詛	楚	助	疏	○	○	○	○	○	○	○		
○	○	鷵	數	○	○	○	○	○	○	○		
諸	樞	○	書	蜍	虛	○	於	亐	臚	如	魚	虞
鬻	杵	紓	暑	野	許	○	淤	羽	呂	汝	語	麌
翥	處	○	恕	署	噓	○	飫	芋	慮	洳	御	遇
燭	娖	贖	束	蜀	旭	○	○	○	錄	辱	燭	
且	疽	○	胥	徐	○	○	○	余	○	○		
苴	䏣	咀	諝	敘	○	○	○	與	○	○		
怚	覰	堅	絮	屐	○	○	○	豫	○	○		
足	促	○	粟	續	○	○	○	欲	○	○		

蟹攝	外二	開口呼	廣門 一二三四	入聲字在山攝 入聲字在臻攝
見	該改蓋葛	皆諧誡鶷	○○猘暨	鷄鳽計吉
溪	開愷磕渴	揩楷烗鶷	○○憩○	谿啓契詰
羣	○○隑○	○[illegible][illegible]○	○○偈姞	○○○佸
疑	敳騃艾嶭	崖騃睚聐	○○劓耴	倪堄詣[illegible]
端知	黱等帶怛	裡釲媞哳	○○[illegible]窒	低邸帝窒
透徹	胎[illegible]泰闥	搋○蠆獺	○○跇抶	梯體替○
定澄	臺駘大達	[illegible]徥○噠	○○滯秩	嗁弟第耋
泥孃	能乃奈捺	[illegible]嬭[illegible]痆	○○[illegible]暱	泥禰泥昵
幫非	○恬貝○	碩擺[illegible]捌	○○○筆	[illegible][illegible]閉必
滂敷	娝俖霈○	[illegible]帔○汃	○○○拂	砒頩媲匹
並奉	倍倍旆○	排罷○拔	○○○弼	鼙陛薜邲
明微	○黣眛[illegible]	[illegible]買賣[illegible]	○○○密	迷米謎蜜

精	清	從	心	邪	曉	匣	影	喻	來	日		
照	穿	床	審	禪							韻	
烖宰載鬢	猜采蔡擦	裁在載截	緦諰賽簺	○○○○	咍海餀顥	孩亥害曷	哀欸藹遏	頤𦡝○○	來釓賴剌	○○○○	咍海㑷曷	代韻宜併
𠂉抧瘵札	釵嵖差剎	豺○惢鐁	崽灑哵殺	○○○○	俙○譮瞎	諧蟹邂黠	娃挨隘軋	○○○○	唻攋○○	○○○○	皆駭怪鎋	入泰韻
○○制質	犢茝掣叱	○○挈實	○○世失	○○逝寔	○○歇肸	○○○○	○○緆乙	○○○○	○○例栗	芮疓○日	齊薺祭質	祭韻宜併
齎濟霽堲	妻泚砌七	齊薺嚌疾	西洗細悉	○○○○	醯○歔欯	奚徯蒵○	鷖吚翳一	○○賢逸	黎禮麗○	○○○○	齊薺霽質	入霽韻

蟹攝	外二	合口呼	廣門 一二三四	入聲字在山攝 入聲字在臻攝
見	傀頍憒括	媧𦬁卦劀	○○劌亥	圭○桂橘
溪	恢[illegible]塊闊	匯胯蒯[illegible]	○○[illegible]屈	睽○[illegible]○
羣	○○鞼○	○○[illegible]○	○○[illegible]倔	○○○繘
疑	鮠頠磑枂	詭○聵刖	○○[illegible]崛	[illegible]○○○
端知	磓[illegible]對掇	○[illegible]膪鵽	○○綴[illegible]	○○○○
透徹	[illegible]骽退侻	○○[illegible][illegible]	○○惙黜	○○○○
定澄	穨錞隊奪	[illegible]撑[illegible]○	○○[illegible]术	○○○○
泥孃	捼餧内○	○○取妠	○○○貀	○○○○
幫非	桮悖背撥	○○庰○	○○廢弗	○○○○
滂敷	肧琣配鏺	○○湃○	○○肺拂	○○刷○
並奉	裴琲佩跋	○○[illegible]○	○○吠佛	眭○○○
明微	枚浼妹末	○○昒○	○○○物	○○○○

精照	清穿	從床	心審	邪禪	曉	匣	影	喻	來	日	韻	
嗺	崔	摧	膗	○	灰	回	隈	○	靁	○	灰	泰韻合口字
[illegible]	皠	辠	崔	○	賄	瘣	猥	阢	磥	○	賄	宜併入隊韻
晬	倅	啐	碎	○	誨	潰	塊	衞	纇	○	隊	
繓	撮	柮	[illegible]	○	豁	活	斡	○	捋	○	末	
○	[illegible]	膗	蓑	○	竵	懷	蛙	○	[illegible]	○	皆	
○	樶	○	○	○	扮	夥	崴	○	○	○	駭	
○	啐	擺	啐	○	[illegible]	壞	[illegible]	○	○	○	怪	
茁	篡	○	刷	○	聒	頢	婠	○	○	○	鎋	
○	○	○	○	移	○	○	○	○	○	○	齊	廢韻宜併
○	○	○	○	○	○	○	○	○	○	○	○	
贅	毳	○	稅	啜	喙	○	穢	衛	○	芮	廢	
○	出	術	絀	○	颰	○	蔚	颶	律	○	術	
○	○	○	○	○	眭	攜	○	○	○	○	齊	入霽韻
○	○	○	○	○	○	○	○	○	○	○	薺	
絕	毳	○	歲	篲	嘒	慧	○	銳	○	○	霽	
卒	焌	崒	卹	○	獝	驈	○	聿	○	○	術	

臻攝	見	溪	羣	疑	端知	透徹	定澄	泥孃	幫非	滂敷	並奉	明微
外三	根	䩭	○	垠	○	吞	○	○	○	○	○	○
	頣	墾	顉	限	○	㐨	○	○	○	○	○	○
	艮	硍	○	鎧	○	㾐	○	○	○	○	○	○
	扢	○	○	獃	○	○	○	○	○	○	○	○
開口呼	○	○	○	○	○	○	○	○	○	○	○	○
	○	○	○	○	○	○	○	○	○	○	○	○
	○	○	○	○	○	○	○	○	○	○	○	○
	○	○	○	○	○	○	○	○	○	○	○	○
通門	巾	緊	殣	銀	珍	獜	陳	紛	彬	砏	貧	珉
	卺	螼	近	釿	駗	辴	紖	○	○	○	○	愍
	抻	搇	慬	憖	鎮	疢	敶	○	○	○	○	愍
	暨	乞	姞	耴	窒	抶	秩	暱	筆	拂	弼	密
	○	○	趣	○	顛	天	田	年	賓	繽	頻	民
	緊	螼	○	○	○	○	○	○	臏	𥑌	牝	泯
	○	敳	○	○	○	○	○	○	儐	汖	○	○
	吉	詰	佶	䠤	窒	○	耋	昵	必	匹	邲	蜜

	精照	清穿	從床	心審	邪禪	曉	匣	影	喻	來	日	韻	
1	〇〇〇〇	〇〇〇〇	〇〇〇〇	〇洒摌〇	〇〇〇〇	〇〇〇〇	痕很恨麧	恩穩𩟍〇	〇〇〇〇	〇〇〇〇	〇〇〇〇	痕很恨沒	殷韻宜併
2	臻[illegible]縥櫛	瀙齔櫬剌	榛濜酳[illegible]	莘〇阠瑟	〇〇〇〇	〇〇〇〇	〇〇〇〇	〇〇〇〇	〇〇〇〇	〇〇〇〇	〇〇〇〇		入真韻
3	真軫震質	瞋〇〇叱	神〇〇實	申矤胂失	辰腎慎茉	欣[illegible]衅肸	〇〇〇〇	咽迎隱乙	〇〇〇〇	粦嶙遴栗	仁忍刃日	真軫震質	殷隱焮迄
4	津儘晉堲	親笉親七	秦盡〇疾	新囟信悉	〇〇賮〇	[illegible]〇〇欯	礥〇〇〇	因〇印一	寅引胤逸	〇〇〇〇	〇〇〇〇		

臻攝外三 合口呼 通門

聲母	一	二	三	四
見	昆鯀睔骨	○○○○	麏麕攈亥	均○昀橘
溪	坤閫困窟	○○○○	囷稛壼屈	○緊○○
羣	○○○○	○○○○	羣窘郡倔	鈞○○繘
疑	僤○顐兀	○○○○	輑輑○崛	○○○○
端知	敦頓頓咄	○○○○	屯○鈍怢	○○○○
透徹	暾畽黗宊	○○○○	椿賰○黜	○○○○
定澄	屯囤鈍突	○○○○	酏蜳○朮	○○○○
泥孃	黁炳嫩訥	○○○○	○○○絀	○○○○
幫非	奔本奔不	○○○○	分粉糞弗	○○○○
滂敷	濆栩濆誖	○○○○	芬忿湓拂	○○○○
並奉	盆獖坌勃	○○○○	汾憤分佛	○○○○
明微	門懣悶沒	○○○○	文吻問物	○○○○

切韻

精	清	從	心	邪	曉	匣	影	喻	來	日		
照	穿	床	審	禪							韻	
尊	村	存	孫	○	昏	魂	昷	○	論	○	魂	文韻宜併
剸	忖	鱒	損	○	緫	混	穩	○	怨	○	混	
焌	寸	鐏	巽	○	惛	慁	搵	○	論	○	慁	
卒	猝	捽	窣	○	忽	搰	頞	○	[illegible]	○	沒	
竣	[illegible]	○	○	○	○	○	○	○	○	○		入諄韻
○	○	○	○	○	○	○	○	○	○	○		
○	○	○	○	○	○	○	○	○	○	○		
[illegible]	○	○	率	○	○	○	○	○	○	○		
諄	春	脣	○	純	薰	○	贇	筠	淪	犉	諄	文吻問物
準	蠢	盾	賰	○	○	○	惲	殞	輪	蝡	準	
稕	○	順	舜	○	訓	○	醞	運	淪	閏	稕	
○	出	術	絀	○	颰	○	蔚	颶	律	○	術	
遵	逡	鷷	荀	旬	○	○	蝹	勻	○	○		
○	蹲	[illegible]	筍	楯	○	○	○	尹	○	○		
儁	○	○	峻	殉	○	○	○	○	○	○		
卒	焌	崒	卹	○	獝	驈	○	聿	○	○		

十三

山攝外四　開口呼　廣門

聲		一	二	三	四
見		干笴旰葛	間簡諫鶡	獉蹇建孑	甄繭見結
溪		看侃侃渴	慳齦○鶷	愆繾傹揭	牽遣譴猰
羣		○○○○	○○○○	乾件健傑	○○○○
疑		豻○岸嶭	顏眼鴈聐	言巘彥孽	妍齞硯齧
端	知	單亶旦怛	饘○○哳	邅展驏哲	顛典殿窒
透	徹	灘坦炭闥	○孱孱獺	脠搌○屮	天腆瑱鐵
定	澄	壇但憚達	獮○袒噠	纏邅邅轍	田殄電姪
泥	孃	難攤攤捺	然赧㬓痆	○趁輾○	秊撚晛涅
幫	非	○○○○	○○扮捌	辡變箣	鞭○編鷩
滂	敷	○○○○	○盼○汃	○鴘○○	篇篇騗撆
並	奉	○○○○	辦版瓣拔	○辯卞別	便楩便蹩
明	微	○○○蔦	○○慢傛	蠻免○○	眠○麪蔑

精	照	錢	趲	贊	鬢	○	醆	○	札	饘	膳	戰	晢	箋	翦	箭	節
清	穿	餐	○	粲	攃	[illegible]	剗	羼	刹	○	闡	硟	掣	千	淺	蒨	切
從	床	殘	瓚	[illegible]	截	虥	棧	輚	鏩	○	○	○	舌	歬	踐	賤	截
心	審	狦	散	繖	躠	山	產	訕	殺	羶	僁	扇	設	仙	獮	霰	屑
邪	禪	○	○	○	○	○	○	○	○	鋋	善	繕	○	㳄	縼	羨	○
曉		頇	罕	漢	[illegible]	羴	○	○	瞎	嗎	憲	獻	娎	祆	顯	韅	[illegible]
匣		寒	旱	翰	曷	閑	限	骭	黠	○	○	○	紇	賢	峴	見	纈
影		安	侒	按	遏	[illegible]	軋	晏	軋	焉	㫃	躽	謁	煙	蝘	宴	噎
喻		○	○	○	○	○	○	○	○	漹	○	○	○	延	演	衍	抴
來		蘭	嬾	爛	剌	讕	○	○	○	連	輦	煉	列	蓮	○	練	○
日		○	○	○	○	○	○	○	○	然	蹨	軔	熱	○	○	○	○
	韻	寒	旱	翰	曷	山	產	諫	鎋	仙	獮	線	薛				
	元韻宜通仙押不當合入					顏通寬韻				元	阮	願	月				

山攝外四		合口呼	廣門	
見	官管貫括	關〇慣剮	勬卷眷蹶	涓涓睊玦
溪	寬款歀闊	〇〇〇⿰骨力	弮綣䊷闕	〇犬駽闋
羣	〇〇〇〇	趯〇趯〇	權圈倦猭	𩿴蜎〇〇
疑	岏輐玩枂	頑〇亂刖	元阮願月	〇〇〇〇
端知	端短鍛掇	〇豩〇鵽	𪌫轉囀輟	〇〇〇〇
透徹	湍疃彖侻	〇〇〇鴅	猭腞猭皴	〇〇〇〇
定澄	團斷段奪	窀〇〇〇	椽篆傳〇	〇〇〇〇
泥孃	渜煗偄〇	奻〇奻妠	〇䎡〇吶	〇〇〇〇
幫非	䑶粄半撥	班版扮〇	蕃反販髮	〇諞〇〇
滂敷	潘泮判鏺	攀〇襻〇	飜疲嬏怖	困〇〇〇
並奉	槃伴叛跋	〇〇〇〇	煩飯飯伐	〇〇〇〇
明微	瞞滿縵末	蠻巒〇〇	樠晚万韈	〇緬〇〇

精	照	鑽纂穳繓	跧蟤孨茁	專剸剸拙	鐫臇悛蕝
清	穿	鋑毳竄撮	○㦡簒篹	穿舛釧歠	詮○縓膬
從	床	欑○攢拙	狗撰饌○	船○○○	全雋泉絶
心	審	酸筭筭錯	栓○簨刷	○○縳説	宣選選雪
邪	禪	○劚○○	○○○○	遄膞捶啜	旋蔙漩𣄚
曉		歡湲喚豁	豩○○瞎	暄晅楦夐	鋗蠉絢血
匣		桓緩換活	湲睆患頢	○○○○	玄泫縣穴
影		剜椀惋斡	彎綰綰婠	嬛宛怨噦	淵蜎𩜇抉
喻		○○○○	○○○○	員遠瑗越	沿兗掾悦
來		鑾卵亂捋	𪈿○○○	攣臠戀劣	○○○○
日		○○○○	○○○○	堧輭𣈆爇	○○○○
	韻	桓緩換末	山産諫鎋	元阮願月	
		元韻宜與押不當合	先韻通入寬韻	仙獮線薛	

效攝外五 獨韻 廣門

一等 三 四入聲字在宕攝 入聲字在口攝

字母	一等	二等	三等	四等
見	高暠誥各	交絞教覺	驕矯驕腳	驍皎叫○
溪	尻考鎬恪	敲巧敲殼	趫槁趬卻	蹻磽竅○
羣	○○櫭○	○○○嚯	喬蹻嶠噱	翹𤞟翹○
疑	敖䫨傲咢	聱齩樂嶽	○○戲虐	堯䶧顤○
端知	刀倒到沰	嘲獠罩○	朝○○芍	貂鳥吊○
透徹	饕討韜託	颲翲趠○	超巐超皀	祧朓糶○
定澄	陶道導鐸	𥝩○棹○	鼂肇召著	迢窕藋○
泥孃	猱堖腝諾	鐃獿橈○	○○○逽	嬈嬲尿○
幫非	褒寶報博	包飽豹剝	鑣表裱○	飆褾標○
滂敷	橐皫爊鞹	胞砲奅璞	○麃○○	嘌縹剽○
並奉	袍抱暴泊	庖鮑鉋雹	瀌藨○○	瓢摽驃○
明微	毛務帽莫	茅卯皃邈	苗○朝○	蜱眇妙○

精	照	糟早竈作	矂爪抓○	昭沼照灼	焦湫醮爵
清	穿	操草操錯	謲煼抄○	怊麵覞綽	鍫悄陗鵲
從	床	曹皁漕昨	巢䰫巢○	○○○○	樵灂噍嚼
心	審	騷嫂喿索	梢㪣梢○	燒少少爍	宵小笑削
邪	禪	○○○○	○○○○	韶紹邵妁	○○○○
曉		蒿好耗臛	虓嗃孝吒	𨃭○○謔	膮曉魈○
匣		豪晧号涸	肴槊效學	○○○○	○鵃顤○
影		爊襖奥惡	𡘍拗靿握	妖夭○約	要杳要○
喻		○○○○	猇○○○	鴞○○○	遥鷕燿藥
來		勞老嫪落	顟膠○○	燎繚尞略	聊了顟○
日		○○○○	○○○○	饒擾饒若	○○○○
	韻	豪晧号鐸	肴巧效覺	宵小笑藥	
		平上去入			

字母	果攝內四	假攝外六	狹門	
見	歌哿箇各	嘉檟駕[illegible]	迦○○孑	○○○○
溪	珂可坷恪	[illegible]跒髂[illegible]	佉○○朅	○○[illegible]猰
羣	翗○○○	○○○○	伽○○傑	○○○○
疑	莪我餓咢	牙雅迓聐	○○○○	○○○○
端知	多嚲跢沰	奓[illegible]吒哳	○○○○	爹哆○窒
透徹	佗袉拖託	侘奼詫獺	○○○○	○○○○
定澄	駝爹馱鐸	茶[illegible]蛇達	○○○○	○○○○
泥孃	那[illegible]奈諾	拏絮[illegible]痆	○○○○	[illegible]○○湼
幫非	○○○○	巴把霸捌	○○○○	○○○○
滂敷	○○○○	葩土帊汃	○○○○	○○○○
並奉	○○○○	爬跁[illegible]拔	○○○○	○○○○
明微	○○○○	麻馬禡[illegible]	○○○○	咩乜○蔑

果攝入聲字在宕攝
假攝入聲字在山攝

精照	清穿	從床	心審	邪禪	曉	匣	影	喻	來	日	韻	
[illegible]左○作	蹉瑳○错	醝䣜○昨	娑縒些索	○○○○	訶歌呵臛	何荷賀涸	阿閜椏惡	○○○○	羅磊邏落	○○○○	歌哿箇鐸	開口呼
樝鮓詐札	叉笅瘥刹	楂槎乍鐁	鯊灑嗄殺	○○○○	煆啁嚇瞎	遐下暇黠	鴉啞亞軋	○○○○	○藞○○	○○○○	麻馬禡鎋	內外混等
遮者拓晢	車䩨趄掣	蛇○射舌	奢捨舍設	闍社坬○	○○○○	○○○○	○○○○	○○○○	儸[illegible][illegible]○	若若偌○		
嗟姐唶節	[illegible]且笡切	查姐褯截	些寫蝑屑	衺灺謝○	苛○○○	○○○○	○○○○	耶野夜抴	○○○○	○○○○		

切韻

字母	果攝內四				假攝外六狹門				果攝入聲字在宕攝 假攝入聲字在山攝							
見	戈	果	過	郭	瓜	寡	坬	劀	○	○	○	○	○	○	○	○
溪	科	顆	課	廓	誇	髁	跨	勖	𩨲	○	○	闕	○	○	○	○
羣	○	○	○	○	○	○	○	○	瘸	○	○	鵽	○	○	○	○
疑	訛	妸	卧	瓁	𣢈	瓦	瓦	刖	○	○	○	○	○	○	○	○
端知	陊	埵	桗	○	檛	丆	○	鵽	○	○	○	○	○	○	○	○
透徹	詑	妥	唾	○	○	𥟖	○	鵽	○	○	○	○	○	○	○	○
定澄	拕	墮	惰	○	○	蓌	○	○	○	○	○	○	○	○	○	○
泥孃	挼	妸	愞	○	○	○	○	妠	○	○	○	○	○	○	○	○
幫非	波	跛	播	○	○	○	○	○	○	○	○	○	○	○	○	○
滂敷	頗	叵	破	○	○	○	○	○	○	○	○	○	○	○	○	○
並奉	婆	爸	[illegible]	○	○	○	○	○	○	○	○	○	○	○	○	○
明微	摩	麽	磨	○	○	○	○	○	○	○	○	○	○	○	○	○

精照	清穿	從床	心審	邪禪	曉	匣	影	喻	來	日	韻	呼
侳	遳	矬	莎	○	○	和	倭	訏	羸	○	戈	合口呼
○	脞	坐	鎖	○	火	禍	婐	○	祼	○	果	
挫	剉	座	膹	○	貨	和	涴	○	羸	○	過	
㖥	○	○	○	○	霍	穫	臒	○	硑	○	鐸	
挫	○	○	○	○	華	華	窊	○	䜌	○	麻	
粗	硰	○	葰	○	○	踝	搲	○	○	○	馬	
○	○	○	誜	○	化	摦	搲	○	○	○	禡	
茁	簒	○	刷	○	䀐	頢	婠	○	○	○	鎋	
○	○	○	○	○	鞾	○	肥	○	臠	捼		
○	○	○	○	○	○	○	○	○	○	○		
○	○	○	○	○	○	○	○	○	○	○		
○	○	○	○	○	旻	○	噦	○	劣	爇		
○	○	○	○	○	○	○	○	○	○	○		
○	○	○	○	○	○	○	○	○	○	○		
○	○	○	○	○	○	○	○	○	○	○		
○	○	○	○	○	○	○	○	○	○	○		

宕攝內五

	見	溪	羣	疑	端知	透徹	定澄	泥孃	幫非	滂敷	並奉	明微
開口呼	岡航鋼各	康慷抗恪	○○○○	卬䭲枊咢	當黨讜沰	湯矘儻託	唐蕩宕鐸	囊曩儾諾	○榜○博	滂髈○[illegible]	○○傍泊	茫莽漭莫
	○○○○	○○○○	○○○○	○○○○	○○○○	○○○○	○○○○	○○○○	○○○○	○○○○	○○○○	○○○○
侷門	薑繮彊腳	羌[illegible]唴卻	強勥弶噱	卬仰[illegible]虐	張長帳芍	募昶悵龟	長丈仗著	孃○釀逽	方昉放轉	芳髣訪[illegible]	房○防縛	亡罔妄○
	○○○○	○○○○	○○○	○○○○	○○○○	○○○○	○○○○	○饟○○	○○○○	○○○○	○驃○○	○○○○

韻	唐蕩宕鐸		陽養漾藥	
精照	臧駔葬作	莊𢥞壯斮	章掌障灼	將獎醬爵
清穿	倉蒼稔錯	創磢剏○	昌敞唱綽	瑲蹌蹡鵲
從床	藏奘藏昨	牀○狀斮	○○○○	牆蔣匠嚼
心審	桑顙喪索	霜爽霜○	商賞餉爍	襄想相削
邪禪	○○○○	○○○○	常上尚妁	詳像○○
曉	炕汻　臛	○○○○	香響向謔	○○○○
匣	航沆吭涸	○○○○	○○○○	○○○○
影	鴦坱盎惡	○○○○	央鞅怏約	○○○○
喻	○○○○	○○○○	○○○○	陽養漾藥
來	郎朗浪落	○○○○	良兩亮略	○○○○
日	○○○○	○○○○	穰攘讓若	○○○○

宕	見	溪	羣	疑	端	透	定	泥	幫	滂	並	明
攝					知	徹	澄	孃	非	敷	奉	微
內	光	觥	○	○	○	○	○	○	幫	○	傍	○
五	廣	懭	○	○	○	○	○	○	○	○	○	○
	桄	矌	○	○	○	○	○	○	螃	[illegible]	○	○
	郭	廓	○	瓁	○	○	○	○	○	○	○	○
合	○	○	○	○	○	○	○	○	○	○	○	○
口	○	○	○	○	○	○	○	○	○	○	○	○
呼	○	○	○	○	○	○	○	○	○	○	○	○
	○	○	○	○	○	○	○	○	○	○	○	○
侷	㤮	匡	狂	○	○	○	○	○	○	○	○	○
門	獷	恇	俇	○	○	○	○	○	○	○	○	○
	誑	眶	狂	○	○	○	○	○	○	○	○	○
	玃	躩	戄	○	○	○	○	○	○	○	○	○
	○	○	○	○	○	○	○	○	○	○	○	○
	○	○	○	○	○	○	○	○	○	○	○	○
	○	○	○	○	○	○	○	○	○	○	○	○
	○	○	○	○	○	○	○	○	○	○	○	○

精照	清穿	從床	心審	邪禪	曉	匣	影	喻	來	日	韻
○	○	○	○	○	荒	黃	汪	○	○	○	唐
○	○	○	○	○	慌	晃	[illegible]	○	○	○	蕩
○	○	○	○	○	荒	攩	汪	○	○	○	宕
[illegible]	○	○	○	○	霍	穫	艧	○	硑	○	鐸
○	○	○	○	○	○	○	○	○	○	○	
○	○	○	○	○	○	○	○	○	○	○	
○		○	○	○	○	○	○	○	○	○	
○	○	○	○	○	○	○	○	○	○	○	
○	○	○	○	○	○	○	○	王	○	○	陽
○	○	○	○	○	怳	○	忹	往	○	○	養
○	○	○	○	○	況	○	○	迋	○	○	漾
○	○	○	○	○	矆	○	嬳	籰	○	○	藥
○	○	○	○	○	○	○	○	○	○	○	
○	○	○	○	○	○	○	○	○	○	○	
○	○	○	○	○	○	○	○	○	○	○	
○	○	○	○	○	○	○	○	○	○	○	

中州音韻

曾	見	溪	羣	疑	端	透	定	泥	幫	滂	並	明
攝					知	徹	澄	孃	非	敷	奉	微
內	揯	奟	○	○	登	鼟	騰	能	崩	漰	朋	瞢
六	愃	肯	○	○	等	䔲	蹬	能	○	倗	棚	瞢
	亘	暅	○	○	嶝	澄	鄧	𣝥	䆟	䲶	倗	懵
	裓	刻	○	○	德	忒	特	䘅	北	覆	菔	墨
開	○	○	○	○	○	○	○	○	○	○	○	○
口	○	○	○	○	○	○	○	○	○	○	○	○
呼	○	○	○	○	○	○	○	○	○	○	○	○
	○	○	○	○	○	○	○	○	○	○	○	○
偈	競	硱	殑	凝	徵	僜	澂	○	冫	砅	凭	儚
門	○	○	殑	○	○	庱	澄	○	○	○	憑	○
	○	炊	殑	凝	○	覴	瞪	𣯍	冰	湆	砅	○
	殛	䩯	極	疑	陟	敕	直	匿	○	○	○	○
	○	○	○	○	○	○	○	○	○	○	○	○
	○	○	○	○	○	○	○	○	○	○	○	○
	○	○	○	○	○	○	○	○	○	○	○	○
	○	○	○	○	○	○	○	○	○	○	○	○

字母																	
精	照	增	噌	增	則	○	○	○	側	蒸	拯	證	職	䯺	○	甑	即
清	穿	鬙	○	蹭	墄	○	○	○	測	稱	齒	稱	瀷	○	○	鬙	○
從	床	層	○	贈	賊	磳	○	○	崱	繩	○	乘	食	繒	○	○	堲
心	審	僧	○	癠	塞	殑	殑	○	色	升	○	勝	識	線	○	○	息
邪	禪	○	○	○	○	○	○	○	○	承	○	丞	寔	○	○	○	○
曉		○	○	○	黑	○	○	○	○	興	○	興	赩	○	○	○	○
匣		恒	[illegible]	○	劾	○	○	○	○	○	○	○	洫	○	○	○	○
影		鞥	○	○	餩	○	○	○	○	膺	○	應	憶	○	○	○	○
喻		○	○	○	○	○	○	○	○	熊	○	○	○	蠅	○	孕	弋
來		棱	○	倰	勒	○	○	○	○	陵	○	[illegible]	力	○	○	○	○
日		○	○	○	○	○	○	○	○	仍	耳	認	日	○	○	○	○
	韻	登	等	嶝	德					蒸	拯	證	職				

	曾攝內六				合口呼				偈門							
見	肱	○	○	國	○	○	○	○	○	○	○	○	○	○	○	○
溪	鞃	○	○	○	○	○	○	○	○	○	○	○	○	○	○	○
羣	○	○	○	○	○	○	○	○	○	○	○	○	○	○	○	○
疑	○	○	○	○	○	○	○	○	○	○	○	○	○	○	○	○
端知	○	○	○	○	○	○	○	○	○	○	○	○	○	○	○	○
透徹	○	○	○	○	○	○	○	○	○	○	○	○	○	○	○	○
定澄	○	○	○	○	○	○	○	○	○	○	○	○	○	○	○	○
泥孃	○	○	○	○	○	○	○	○	○	○	○	○	○	○	○	○
幫非	○	○	○	○	○	○	○	○	○	○	○	逼	○	○	○	○
滂敷	○	○	○	○	○	○	○	○	○	○	○	堛	○	○	○	○
並奉	○	○	○	○	○	○	○	○	○	○	○	愊	○	○	○	○
明微	○	○	○	○	○	○	○	○	○	○	○	甯	○	○	○	○

韻	精照	清穿	從床	心審	邪禪	曉	匣	影	喻	來	日
登	○	○	○	○	○	薨	弘	泓	○	○	○
等	○	○	○	○	○	○	○	○	○	○	○
嶝	○	○	○	○	○	○	○	○	○	○	○
德	○	○	○	○	○	黑	或	○	○	○	○
	○	○	○	○	○	○	○	○	○	○	○
	○	○	○	○	○	○	○	○	○	○	○
	○	○	○	○	○	○	○	○	○	○	○
	○	○	○	○	○	○	○	○	○	○	○
蒸	○	○	○	○	○	○	○	○	耺	○	○
	○	○	○	○	○	○	○	○	○	○	○
	○	○	○	○	○	○	○	○	○	○	○
職	○	○	○	○	○	洫	○	○	域	○	○
	○	○	○	○	○	○	○	○	○	○	○
	○	○	○	○	○	○	○	○	○	○	○
	○	○	○	○	○	○	○	○	○	○	○
	○	○	○	○	○	○	○	○	○	○	○

梗攝外七

聲母	一	開口呼	廣門	四
見	○○○○	庚梗更格	驚警敬覲	頸剄徑激
溪	○○○○	鏗伉○客	卿○慶隙	輕謦罄罊
羣	○○○○	○○○○	檠○競劇	頸痙○○
疑	○○○○	娙○鞕鷊	迎○迎逆	娙脛○鷁
端知	○○○○	打盯倀摘	貞最○黐	丁頂矴的
透徹	○○○○	瞠○牚瘸	檉逞遉彳	汀珽聽剔
定澄	○○○○	棖瑒鋥宅	呈裎鄭擲	庭挺定悌
泥孃	○○○○	儜檸○疒	○○寗○	寧顊甯鑈
幫	○○○○	閍浜迸伯	兵○柄碧	并鞞摒辟
滂	○○○○	怦骿亨擗	○○寎[illegible]	聘頩聘僻
並	○○○○	彭䴙倂白	平○病欂	瓶竝倂擗
明	○○○○	甍猛孟陌	明○命○	名眳詺覓

字母	1	2	3	4	5	6	7	8	9	10	11	12	13	14	15	16
精照	○	○	○	○	爭	睜	諍	責	征	整	政	隻	精	井	精	積
清穿	○	○	○	○	琤	瀞	瀞	策	○	○	○	尺	清	請	倩	皵
從床	○	○	○	○	傖	○	○	齚	○	○	○	麝	情	靜	淨	籍
心審	○	○	○	○	生	省	生	栜	聲	○	聖	釋	星	省	性	昔
邪禪	○	○	○	○	○	○	○	○	成	○	盛	石	餳	○	○	席
曉	○	○	○	○	脝	䛭	䛭	赫	○	○	○	虩	馨	[illegible]	欽	款
匣	○	○	○	○	行	幸	行	覈	○	○	○	○	刑	婞	脛	檄
影	○	○	○	○	甖	[illegible]	瀴	戹	霙	影	映	○	嬰	癭	纓	益
喻	○	○	○	○	○	○	○	○	○	○	○	○	盈	郢	○	繹
來	○	○	○	○	[illegible]	冷	○	礐	跉	令	令	○	靈	領	零	[illegible]
日	○	○	○	○	○	○	○	○	穰	[illegible]	○	○	○	○	○	○
韻					庚	梗	諍	陌	清	靜	勁	昔				
	青	韻	宜	併	入	清	韻		青	迥	徑	錫				

梗攝	見	溪	羣	疑	端知	透徹	定澄	泥孃	幫非	滂敷	並奉	明微
外七	○	○	○	○	○	○	○	○	○	○	○	○
	○	○	○	○	○	○	○	○	○	○	○	○
	○	○	○	○	○	○	○	○	○	○	○	○
	○	○	○	○	○	○	○	○	○	○	○	○
合口呼	觵	銧	○	○	○	○	○	○	○	○	○	○
	礦	䀎	○	○	○	○	○	○	○	○	○	○
	○	○	○	○	○	○	○	○	○	○	○	○
	蟈	[illegible]	[illegible]	○	○	○	○	○	○	○	○	○
廣門	○	○	○	○	○	○	○	○	○	○	○	○
	憬	憬	○	○	○	○	○	○	丙	○	○	皿
	彔	病	○	○	○	○	○	○	○	○	○	○
	攫	躩	○	○	○	○	○	○	○	○	○	○
	泂	傾	瓁	○	○	○	○	○	○	○	○	○
	熲	頃	○	○	○	○	○	○	○	○	○	○
	扃	高	○	○	○	○	○	○	○	○	○	○
	郹	闃	○	○	○	○	○	○	○	○	○	○

切韻

韻	精照	清穿	從床	心審	邪禪	曉	匣	影	喻	來	日	
	○	○	○	○	○	○	○	○	○	○	○	
	○	○	○	○	○	○	○	○	○	○	○	
	○	○	○	○	○	○	○	○	○	○	○	
	○	○	○	○	○	○	○	○	○	○	○	
庚	○	○	○	○	○	諻	宖	泓	弦	○	○	
梗	○	○	○	○	○	澋	卝	䁝	○	○	○	
諍	○	○	○	○	○	轟	蝗	䆪	○	○	○	
陌	擡	○	趚	撼	○	謋	嚄	擭	嚾	○	○	
清	○	○	○	○	○	兄	○	謍	榮	○	○	青
靜	○	○	○	○	○	𦬹	○	○	永	○	○	迴
勁	○	○	○	○	○	寎	○	○	詠	○	○	徑
昔	菓	○	○	○	○	○	○	○	棫	○	○	錫
	屐	○	○	騂	○	騂	熒	縈	營	○	○	
	○	○	○	頳	○	怳	迴	濴	頳	○	○	
	○	○	○	○	○	敻	濙	鎣	○	○	○	
	○	○	○	○	○	瞁	○	○	役	○	○	

流	攝	內七	獨韻	狹門 入聲字在通攝	
見		鉤茍遘穀	○○○○	鳩久救葷	樛糾赳○
溪		彄口寇哭	○○○○	丘糗軀曲	區嫗䠗○
羣		○○○○	○○○○	裘舅舊局	虯蟉𧿒○
疑		齵藕偶擢	○○○○	牛䶃鼽玉	聱○○○
端	知	兜斗鬭㲄	○○○○	輈肘晝瘃	○○○○
透	徹	偷黈透秃	○○○○	抽丑畜棟	○○○○
定	澄	頭揄豆獨	○○○○	儔紂胄躅	○○○○
泥	孃	羺㝅搙耨	○○○○	啁狃糅傉	○○○○
幫	非	○搎○卜	○○○○	不缶富匚	彪○○○
滂	敷	捊剖仆扑	○○○○	飆恒副○	○○○○
並	奉	裒部䏚暴	○○○○	浮婦復幞	滮○○○
明	微	呣母茂木	此下二字併入頭等	謀○莓媢	繆○謬○

精照	清穿	從床	心審	邪禪	曉	匣	影	喻	來	日	韻
緅	謅	[illegible]	涑	○	齁	侯	謳	○	樓	○	侯
走	趣	鯫	叜	[illegible]	吼	厚	歐	○	塿	○	厚
奏	輳	[illegible]	瘶	○	蔻	候	漚	○	陋	○	候
鏃	瘯	族	速	○	嗀	縠	屋	○	祿	○	屋
鄒	搊	愁	搜	○	○	○	○	○	○	○	
掫	[illegible]	[illegible]	溲	○	○	○	○	○	○	○	
皺	簉	驟	瘦	○	○	○	○	○	○	○	
縬	珿	鷟	縮	○	○	○	○	○	○	○	
周	犨	○	收	讎	休	○	憂	尤	劉	柔	尤
帚	醜	○	首	受	朽	○	[illegible]	有	柳	蹂	有
呪	臭	[illegible]	狩	授	齅	○	憂	宥	溜	輮	宥
燭	娖	贖	束	蜀	旭	○	○	○	錄	辱	燭
遒	秋	酋	脩	囚	飍	○	幽	猷	鏐	○	
酒	○	湫	滫	○	○	○	黝	酉	○	○	
僦	趥	就	秀	岫	螑	○	幼	狖	○	○	
足	促	○	粟	續	○	○	○	欲	○	○	

深攝內八

獨韻

狹門

見	溪	羣	疑	端知	透徹	定澄	泥孃	幫非	滂敷	並奉	明微
○	○	○	○	○	○	○	○	○	○	○	○
○	○	○	○	○	○	○	○	○	○	○	○
○	○	○	○	○	○	○	○	○	○	○	○
○	○	○	○	○	○	○	○	○	○	○	○
○	○	○	○	○	○	○	○	○	○	○	○
○	○	○	○	○	○	○	○	○	○	○	○
○	○	○	○	○	○	○	○	○	○	○	○
○	○	○	○	○	○	○	○	○	○	○	○
金	欽	琴	吟	碪	琛	沈	䛘	○	○	○	○
錦	顉	噤	僸	戡	踸	朕	拰	稟	品	○	○
禁	搇	訡	吟	揕	闖	鴆	賃	稟	○	○	○
急	泣	及	岌	縶	湁	蟄	孨	鵖	○	駜	○
○	○	○	○	○	譫	○	○	○	○	○	○
○	○	○	○	○	○	○	○	○	○	○	○
○	○	○	○	○	○	○	○	○	○	○	○
○	○	○	○	○	○	○	○	○	○	○	○

精照	○怎○○	先䫲譖戩	斟枕枕執	祲醋浸嶕
清穿	○○○○	嵾瘮讖屆	覘瀋瀋斟	侵寢沁緝
從床	○○○○	岑顩𣟴霰	○葚○○	鮗蕈鮗集
心審	○○○○	森瘁滲澀	深沈深澀	心罧勸戢
邪禪	○○○○	○○○○	諶甚甚十	尋○鐔習
曉	○吽○○	○○○○	歆廞譀吸	○○○○
匣	○○○○	○○○○	○○○○	○○○○
影	○○○○	○○○○	音歙蔭邑	愔○○揖
喻	○○○○	○○○○	○○顉煜	淫潭䰼熠
來	○○○○	○○○○	林廩臨立	○○○○
日	○○○○	○○○○	任荏妊入	○○○○
韻			侵寢沁緝	

	咸攝外八	獨韻	狹門	
見	弇感紺閤	緘鹻韽夾	黚檢〇[illegible]	兼籃兼頰
溪	龕坎勘溘	鵮床歉恰	憾顩〇㾫	謙脥慊愜
羣	〇〇軡〇	〇〇〇〇	鍼儉鐱极	湼〇〇〇
疑	玵顉儑儑	巖顲顑眰	𪘀顩驗〇	〇〇〇〇
端知	耽黕酖答	詀鮎鮎劄	霑〇〇輒	髺點店聑
透徹	舑菼賧橝	〇闖〇貼	覘諂覘鍤	添忝㮇怗
定澄	覃禫醰沓	憾湛賺㲊	㚲湛〇牒	甜簟磹牒
泥孃	南腩妠魶	諵罱諵囡	黏〇〇聶	鮎淰念苶
幫非	〇〇〇〇	〇〇〇〇	砭貶窆鴘	〇〇〇〇
滂敷	〇〇〇〇	〇〇〇〇	〇〇〇姂	〇〇〇〇
並奉	〇〇〇〇	𦬊〇𡋯〇	狎〇〇〇	〇〇〇〇
明微	姏𡞰姏〇	㚷〇〇〇	〇〇〇〇	〇乏〇〇

合口呼

精照	簪昝篸帀	漸斬[illegible]眨	詹黵占讋	尖僭[illegible]接
清穿	參慘謲[illegible]	攙醶[illegible]插	韂○[illegible]諂	籤憯塹[illegible]
從床	蠶歜暫雜	巉瀺儳[illegible]	○○○○	潛漸潛捷
心審	三糂三趿	攕摲釤翜	苫陜閃攝	銛[illegible][illegible]燮
邪禪	○○○○	○○○○	棎剡贍涉	燅[illegible]○○
曉	峆喊顑欱	[illegible]喊敢呷	[illegible]險○偞	馦○○牒
匣	含頷鑑盍	咸豏陷洽	○○○○	嫌鼸○恊
影	諳晻暗姶	[illegible]黯[illegible]鴨	淹奄[illegible]歙	懕黶厭魘
喻	佔○○○	佔○○○	炎○○曄	鹽琰豔葉
來	藍覽顲拉	[illegible]臉[illegible][illegible]	廉斂殮獵	鬑○稴[illegible]
日	○○○○	○○○○	[illegible]冉染讘	○○○○
韻	覃感勘合	咸豏陷洽	鹽琰豔葉	

咸攝外八　狹門

見	溪	羣	疑	端知	透徹	定澄	泥孃	幫非	滂敷	並奉	明微
黔	顩	黔	嚴	○	○	詶	○	○	芝	凡	瓊
○	山	拑	门	○	僩	○	○	脮	釩	范	鋄
劒	欠	碒	厱	○	○	○	黏	○	汎	梵	菱
刧	怯	跲	業	○	揷	塌	㩼	法	㚗	乏	○

精	清	從	心	邪	曉	匣	影	喻	來	日		
照	穿	床	審	禪							韻	
广	○	○	○	○	韽	○	醃	炎	○	○	凡	
拈	○	○	○	○	險	○	埯	槏	○	○	范	
○	○	○	痳	○	脅	○	俺	○	獫	○	梵	
○	○	○	○	○	脅	○	腌	鎑	○	○	乏	

直指玉鑰匙門法

音和門第一

音和者謂切脚二字先將上一字為切歸知本母下一字為韻隨其平上去入所至之聲於為韻等內本母下便是所切之字此取其等母聲韻皆同故曰音和如古洪切公字先調古字即知屬見母次調洪字則知為通攝圖中之韻便自洪字橫截過見母下第一等平聲眼內却是公字如上聲古汞切贑字去聲古哄切貢字入聲古穀切谷字之類是也舉此一隅

則三隅從可知矣

舊有詩云音和切字起根基　等母同時便莫疑　記取古洪公式樣　故教學切啟初知

類隅門第二

謂端知八母下一等四等歸端透定泥二等三等歸知徹澄孃如一四為切韻逢二三便切知等字或二三為切韻逢一四便切端等字以其為等類所隔而韻各出益不以切為憑而以聲韻所至是據故曰類隅如都江切樁徒減切湛都教切罩丁刮切鵽字之類是也又如陟邪切爹此係麻韻不定之切若無統

紀然對圖臨之原第三等無字遂以四等為切亦符此例若三等有字又為寘切矣學者於此宜加審焉庶乎涇渭之不淆也

寘切門第三

寘切者謂〔知徹澄孃〕四母下第三等為切韻逢〔精〕等〔影喻〕第四並切第三如（陟遥）切朝（治小）切肇（女箭）切輾（丑悅）切皺之類是也然（陟治女丑）四切脚皆居〔知〕等第三而（遥小箭悅）四聲之韻咸位〔精〕等第四是等雖有三四之異原其同出一韻而取切之法仍不離

知等第三之本窠也故曰窠切若三等無字便切第
四又為爹陟邪切字之類隔矣於此等處在初學尤為
當務之急觀者勿以其近而忽之則得矣

輕重交互門第四

謂幫等重音為切韻逢非等諸母第三便切輕脣字
非等輕脣為切韻逢一二四皆切重脣字葢以幫滂
並明母下四等之字重脣之屬為多非敷奉微四母
下之等輕脣之屬最少故取切之法不論輕重等第
但憑為韻之等便是所切之字故曰輕重交互如匹

尤切飍芳杯切胚之類是也

振究門第五

凡遇精等五母下第四為切韻逢諸母第三仍切第四法類憑切而又名為振究者振舉也究推尋也蓋以三四等中之字同出一韻為舉其綱而能推尋精等第四之位故曰振究如疾之切慈詳里切似息據□絮即玉切足定之類是也

□□正音憑切門第六

□□□□為切照等第一即四等中第二是也韻逢諸母三四並切

照一為正齒音中憑切也如楚居切初側呂切阻牀據切助所六切縮之類是也

精照互用門第七

精等第一為切韻逢諸母第二只切照一字照等第一為切韻逢諸母上等第一便切精一字蓋出精照兩等之字聲韻各出而音不同則取切之法不得憑切而憑韻也故曰精照互用如士垢切鯫則減切斬字之類是也

寄韻憑切門第八

照等第二為切（照等第二即等中第三也）韻逢一四仍切照二言雖寄於別韻只憑為切之等故曰寄韻憑切如昌來切擣昌給切茝字之類是也

喻下憑切門第九

謂單喻母下三四之等同出一韻蓋不問韻之所至只憑為切之等故曰喻下憑切如余招切遙于聿切𩗗字之類是也

日寄憑切門第十

此謂單日母下只第三等有字餘等但無但遇日母

下為切雖韻行一二四並切第三如汝來切萵如延切然字之類是也

通廣門第十一

止臻二攝為通門山蟹梗效四攝為廣門凡此六攝遇唇牙喉下為切韻逢來日知照第三並切第四蓋以通廣門中字多而第三等字之音聲通及第四故曰通廣如符真切頻芳連切篇之類是也

舊有詩云脂韻真諄是名通仙祭清宵號廣門韻三來日連知照通廣門中四上存

偏狹門第十二

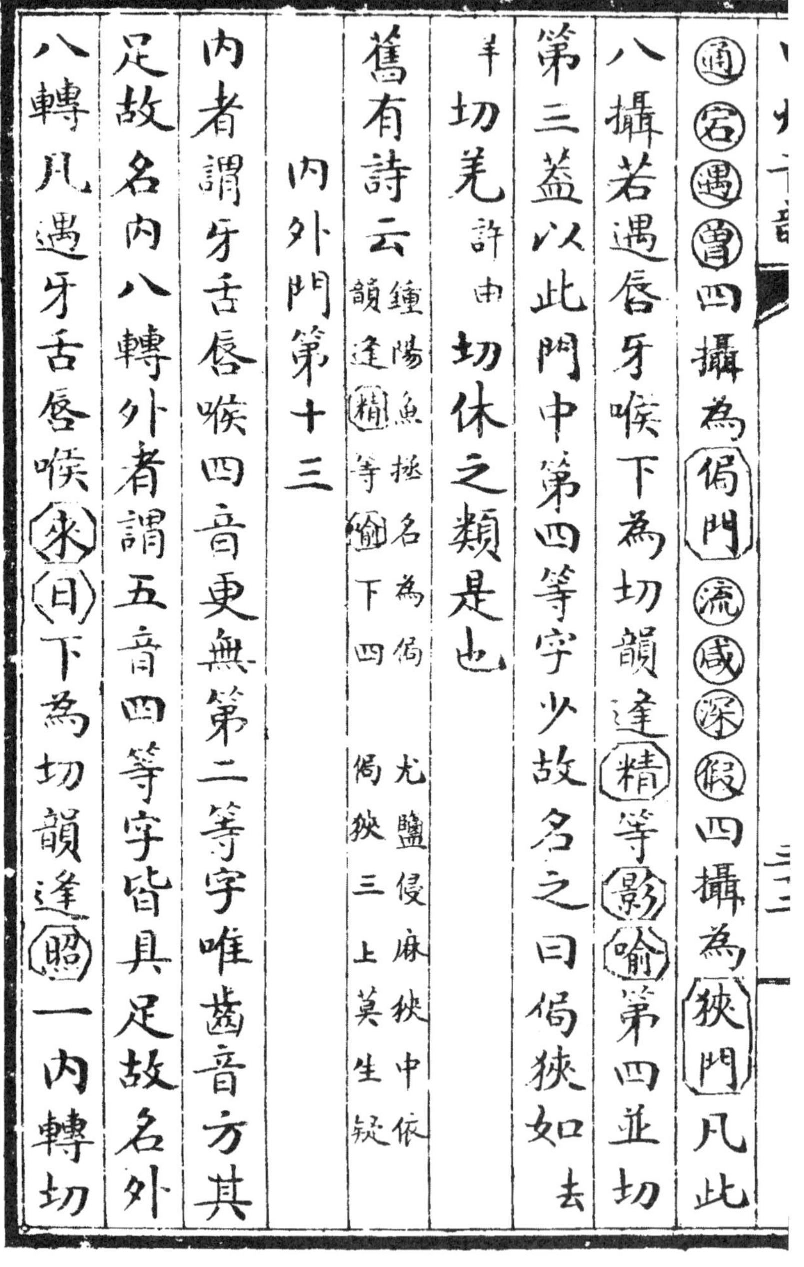

通宕遇曾四攝為侷門流咸深假四攝為狹門凡此八攝若遇脣牙喉下為切韻逢精等影喻第四並切第三蓋以此門中第四等字少故名之曰侷狹如去羊切羌許由切休之類是也

舊有詩云鍾陽魚拯名為侷　尤鹽侵麻狹中依　韻逢精等喻下四　侷狹三上莫生疑

內外門第十三

內者謂牙舌脣喉四音更無第二等字唯齒音方具足故名內八轉外者謂五音四等字皆具足故名外八轉凡遇牙舌脣喉來日下為切韻逢照一內轉切

三外轉切二故曰內外如古雙切江矣虓切熊之類是也

辨開合不倫

諸韻切法皆有定式唯開合一門似無憑據然遡流窮源則知其音聲本同一韻但呼有開口合口之異而分為兩圖耳若遇此等切腳直須於開合兩處韻中較訂始見分明如永兵切榮雨方切王蒲干切槃下沒切紇俱萬切建之類是也

明雙聲

謂如（回會）二字為切同歸一母只是會字更無切也

故曰雙聲如（章灼）切灼（良略）切略之類是也

明疊韻

謂如（商量）二字為切同出一韻只是商字亦更無切

故曰疊韻如（灼略）切灼（章良）切章之類是也

舊有詩云（雙聲同韻是雙聲　疊切還從切上停　舉例丁當當上任　却將子以子相應）

明聲韻先辨切脚譌正

凡文字之載在典籍原本未嘗不善或由傳鏤之誤

抑亦蠹蝕缺殘辨之不可不早辨也今姑毛舉一二

如刀刁曰日白甶（音佛）囟囪（上音信下音聰）由甴（音劄）甲甲（音押）由由（上側持切下音塊）搏摶回囘（音雷）冋囬（上音扃下音面）四囬（音网）些些（上蘇箇切）禾禾（音雞）瓜爪谷谷（音卻）本夲（音叨）凡凡（上音煩下音九）九九（上音汪）兀几几几（上音殊下音人）佳隹（音堆）托托（音頓）柔柔（音恕）壺壺（上音闔下音胡）之類形體不甚相遠而音聲意義縣殊反切之際不加省察苟或錯須為湏（音沫）差𢀖（音害）為丰（音風）減豊為豐（音禮）增朿（音刺）為束省西為襾加蚩（音蔵）為蚩（音鴟）點畫微差音聲隨謬學者若欲穿韻之審必於此而究心焉則庶乎其不差矣

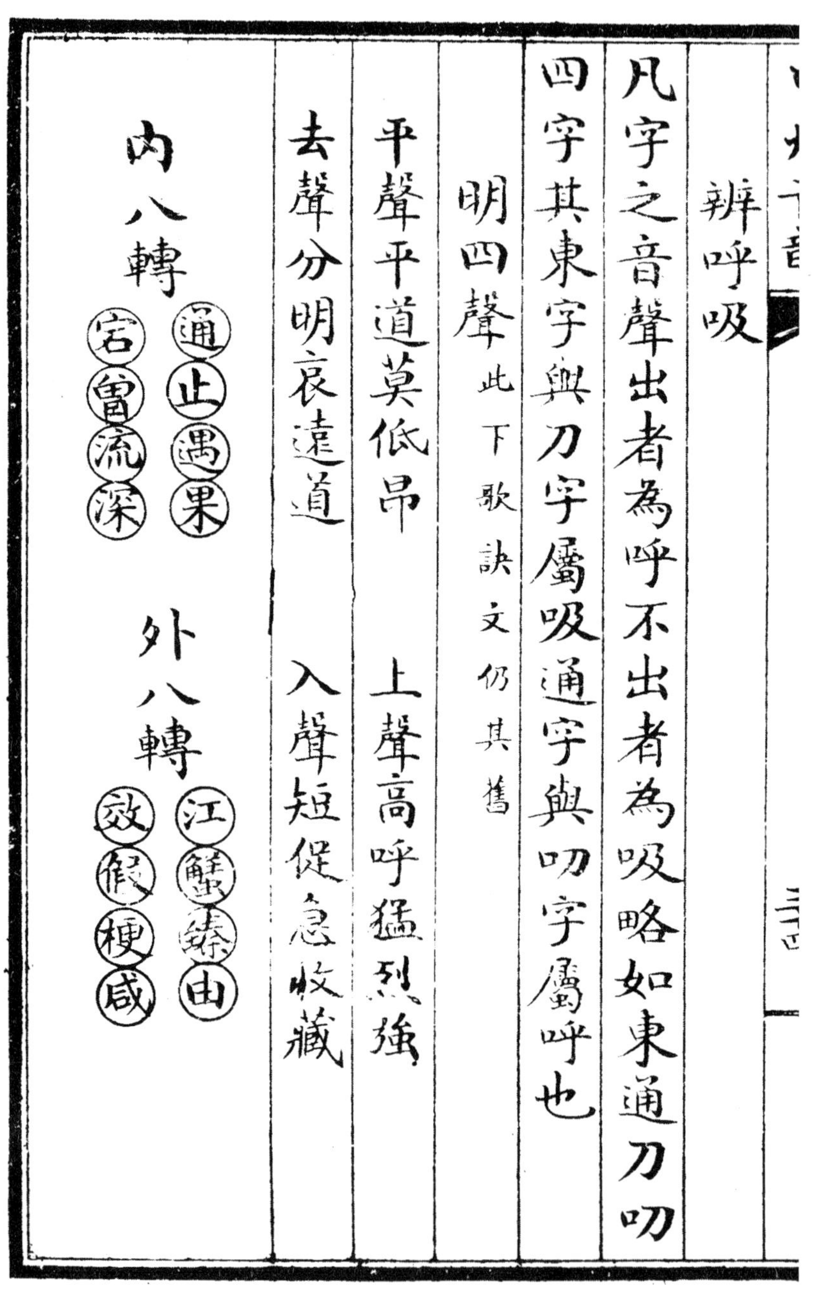

辨呼吸

凡字之音聲出者為呼不出者為吸略如東通刀叨四字其東字與刀字屬吸通字與叨字屬呼也

明四聲 此下歌訣文仍其舊

平聲平道莫低昂　上聲高呼猛烈強

去聲分明哀遠道　入聲短促急收藏

內八轉 通止遇果宕曾流深

外八轉 江蟹臻由效假梗咸

内轉歌訣

通攝東冬韻繼鍾　止攝脂微次第窮

遇攝模魚虞三位　果攝歌戈二韻從

宕攝唐陽君記取　曾攝登蒸兩韻宗

流攝侯尤無他用　深攝孤侵在後宮

外攝歌訣

江攝孤江只是江　蟹攝齊皆灰咍強

臻攝真魂六韻正　山攝仙元五韻昌

效攝宵肴豪三位　假攝孤麻鎮一方

梗攝庚清青色字　咸攝覃鹽凡四鄉

入聲九攝通宕與曾深　山咸梗江臻

咸通曾梗宕江山　深臻九攝入聲全

流遇四等通攝借　咍皆開合在寒山

齊止借臻隣曾梗　高交元本宕江邊

歌戈一借岡光一　四三幷二却歸山

叶聲韻

梗曾二攝與通疑　止攝無音蟹攝持

江宕略同流參遇　用音交互較量宜

輕唇十韻

輕韻東鍾微與元　凡真文廢士同然

更齊易弋皆分體　不該十韻裏中編

中原音韻講疏

中原音韻講疏

中原音韻講疏

秋膺署

序

禮可因儀式見、樂非可筆墨傳也、故禮存而樂易亾、且古今字讀不一、然自有反切可依韵求聲、魏晉以來韵學尚焉、夫古樂亾而漢傳樂府、而晉傳清樂文康、唐宋又傳大樂、遞變流傳、其字樂相配、猶不失韵切之正聲、迨胡元入主中國、北曲盛行、胡語北音、雜弦索而任叶、雅俗棼韵益失正、挺齋宋之孑遺、乃作中原音韵、納俗入雅、用夏變夷、激濁揚清、意至微也、曲雖晚起、然歷元明清三代、而弋、而崑、猶能尋清樂文康之源、存樂府之矩矱、樂雖亾、其遞變之跡得存諸口舌間者、賴韵叶猶存其正耳、今雅正之聲、日趨銷歇、詞章韵叶之道、若明若晦、又何有於曲學韵義之辨耶、薇史夫子、近就中原音韵、詳為義疏、源必探及本、流必窮其變、盡北韻之奧旨、為後學之津梁其專編翊贊挺齋之學者此書為嚆矢矣、受命校錄謹具始末、歲次庚子弟子郁元英敬書、

例言

一中原音韻分目十九、以六部收音、是其大較、至
若各韻啟口收字雖間或收音部類相同其實仍互
具區辨、茲悉按各韻出字收音上獨有之差別依目
分注藉明體用、

一中原音韻所以求協絃索北音、音有今古之異
所論切音、母執其正、音從其時、至七音相配、原判於
脣輔喉舌牙間例如字有古音從脣而北今音從牙
者則逕派入角聲而不作羽、舉隅類推務求引俗就
正庶幾導軌權時揚流歸本

一中原音韻音主中州疏義所及、概以中州音為
準顧所謂中原或中州者雖係北音、實與時下燕薊
之音有別尤幸毋以時下注音國語相繩論中原正

音須符切韻準則、泥古昧今固難通達、舍中鶯外亦將扣盤捫燭、

一挺齋原書輾轉傳刻不免脫誤茲用至正及萬曆兩本相互校韻其筆畫脫誤者為之補足其義正而形譌者為之校勘其分韻誤刻者為之訂正至失收與册收之字未得鑿據可考者均謹從闕如舊凡此全部校訂謄錄之力則春申郁元英君實盡其勞投老績學商量不倦尚友之義於今得之庚子秋日薇史識於縷䌌室、

中原音韻講疏目次

中原音韻講疏

汪經昌薇史述

韻旨總講

弟子郁元英恭校

周德清纂中原音韻，立北詞用韻準繩。夫字合頭腹尾之聲以成一音，其聲在頭者曰發聲，在尾者曰收韻。啟口若不準，收韻若不清，則字音亂而無以類叶。然又務與樂律謀相通者何哉？歌之在口，和之在樂，字音失準，歌不辨詞，樂不恊字，此樂律所以須就字音之準則也。抑樂聲之揚，憑高下疾舒成調，恃樂具旋律形聲，樂具變則節制變，而字音之準又每與善變之樂節相格閡，欲求樂能確表其字音，而字能盡諧其樂律，此固樂家所務，又不得不斟字韻之準以就樂也。自魏李登濫觴著聲類十卷，以五聲命字，其後晉呂靜作韻集五卷、宮商角徵羽各一篇南齊周顒作四聲切韻南梁沈約作四聲譜隋陸德言等作切韻唐孫愐作唐韻宋陳彭年等纂廣韻丁度等作集韻戚倫等纂禮部韻略、劉淵繼之而成平水韻迨至元陰時夫復作韻府羣玉明宋濂等又纂洪武正韻、濟濟繩繩代有述作皆韻府之正籍也、圓顱方趾隨歲月而離合關阻方輿因滄桑而異勢、人事既流於綜錯口呼難免於駁雜遂有今古不同中外相異而一時興一時之音一代纂一代之韻、韻府正籍猶不得不循時立軌矧元曲本北地之今音雜胡地之異韻或有聲而古無其字或有字而古無其音古讀家麻皆入姑模便是一例固當遵正韻之軌然又不得不曲變其用者且也、西晉以前樂準主管、東晉南渡僅清樂文康兩部孑遺江左唐之廿八宋之十七除歇指衮煞及中高管之用、俯循去徵新制其旋生根本固仍跡清樂文康之舊歷代正韵分釐實近管音不便弦索沈約四聲譜以訖後之唐韵集韵叶律呂宮管而應琴弦商角徵羽之均固不附琵琶三弦噍殺斷促之北聲故哆口家麻滿口家麻皆重應太簇仲呂之二律輔以琴弦中徵二攝之一均此琴弦係大琴非中琴姑模歌戈之一部遂每相通轉而不必專立家麻與車遮及宋十七調令引之樂猶勉可通用舊韵迨慢詞以琵琶調為準乃不得不變正韵而別立詞韵遼金崛興胡音瀰中原蒙古入關復雜蒙回之音樂循夏朔器易胡制變龜茲四聲而成七音以入弦變觱篥忽雷之器而立大三弦相生既雜宮調更無以分口語既混正俗更難嚴其限嗏、咱、媽、嗎、諸俗字雜見於詞章入鼻抵齶閉口之音混騰諸歌詠以三弦按廣韻集韻中字音往往東鍾庚青不能分子母通轉之辨莫由正而梵典諸字如剌作拿菩作擺類隨俗成音本末失據摒諸不可存則不正此德清中原音韻乘時而作者豈得已哉循習尚所安導以入正就俗口所謳齊之以雅是茲編也求當於正而固未可悉執以正求反於古而固難責其悉符於古應弦索張弛之北音期準則於開齊撮合之遺意字樂相兼立規用矩中原吐音為本專畜方音為翼彙激流而朝宗納五方以成樂恢恢乎不亦博歟

韻書之作為求字韻有歸字呼必正韻始有準然呼字能正復不易言收韻不正則寒山歡桓難分出口

不正、則開撮之異易位等韵家必準五音將字聲出音之阻分為喉牙舌齒脣五處而以開齊撮合為之紐樞至於引吟謳以入樂、協字聲於宮商之徵者、其恃四呼五音為用尤不可少、治曲韵者、必先從等韵入手、始用字不乖正、唱字不乖音、按等韵之學源於反切、唐沙門守溫製卅六音母宋人又析為四等呼、據金韓道昭五音集、其音阻與四呼分類略得言焉、見溪羣疑音阻於牙、端透定泥、音阻於舌頭、知徹澄娘音阻抵齶、幫滂並明音阻於重脣非敷奉微音阻輕脣精清從心邪、音阻齒頭、照穿牀審禪、音阻於正齒曉匣影喻音阻於喉、協律之士、配以七音喉音配宮齒音配商牙音配角舌音配徵脣音配羽半齒配變宮半舌配變徵、準其部位分其四呼陰陽清濁立平上去入判而七音得備焉故審音作詞必從正韻入手切韻之學不可不知明陳獻可製四聲經緯及轉音經緯尤明晰扼要茲照錄於次熟而玩之音準可求都尉協律輕重悉當矣此今音而相異處可按今讀與表列母位尋配

轉音經緯

轉	音	經緯	庚	寒	真	先	文	元	侵	鹽	魂	桓	五音	清濁
一	見	牙音	庚	干	巾	堅	君	涓	金	兼	昆	官	角	純清
二	溪		鏗	刊	緊	牽	[illegible]	圈	欽	謙	坤	寬	角	次清
三	羣		○	○	勤	乾	羣	權	琴	黔	○	○	角	純濁
四	疑		硜	犴	銀	妍	○	元	吟	嚴	[illegible]	[illegible]	角	次濁
五	端	舌頭	登	丹	○	顛	○	○	○	[illegible]	敦	端	徵	純清
六	透		鼟	灘	○	天	○	○	○	添	暾	湍	徵	次清
七	定		騰	壇	○	田	○	○	○	甜	屯	團	徵	純濁
八	泥		能	難	○	年	○	○	○	拈	[illegible]	[illegible]	徵	次濁
九	知	舌上	睜	○	珍	邅	[illegible]	[illegible]	碪	霑	○	○	徵	純清
十	徹		撐	○	瞋	[illegible]	[illegible]	[illegible]	琛	覘	○	○	徵	次清
十一	澄		棖	○	陳	纏	[illegible]	傳	沈	[illegible]	○	○	徵	純濁
十二	娘		獰	○	紉	○	[illegible]	[illegible]	[illegible]	[illegible]	○	○	徵	次濁
十三	精		增	[illegible]	津	箋	遵	[illegible]	祲	尖	尊	鑽	商	純清
十四	清		蹭	餐	親	千	逡	詮	侵	僉	村	[illegible]	商	次清
十五	從		層	殘	秦	前	[illegible]	全	鬵	潛	存	攢	商	純濁
十六	心		僧	珊	新	先	[illegible]	[illegible]	心	銛	孫	酸	商	純清
十七	邪		○	○	○	涎	[illegible]	[illegible]	尋	[illegible]	○	○	商	純濁
十八	照	正齒	爭	[illegible]	真	[illegible]	[illegible]	[illegible]	[illegible]	[illegible]	[illegible]	[illegible]	商	純清
十九	穿		鎗	[illegible]	瞋	[illegible]	[illegible]	[illegible]	[illegible]	[illegible]	[illegible]	[illegible]	商	次清
二十	牀		○	[illegible]	神	[illegible]	[illegible]	[illegible]	[illegible]	[illegible]	[illegible]	[illegible]	商	純濁
廿一	審		生	[illegible]	申	[illegible]	[illegible]	[illegible]	[illegible]	[illegible]	[illegible]	[illegible]	商	純清
廿二	禪		○	[illegible]	辰	[illegible]	[illegible]	[illegible]	[illegible]	[illegible]	[illegible]	[illegible]	商	純濁
廿三	幫		[illegible]	[illegible]	[illegible]	[illegible]	[illegible]	[illegible]	[illegible]	[illegible]	[illegible]	[illegible]	羽	純清
廿四	滂		[illegible]	[illegible]	[illegible]	[illegible]	[illegible]	[illegible]	[illegible]	[illegible]	[illegible]	[illegible]	羽	次清
廿五	並		彭	[illegible]	[illegible]	[illegible]	[illegible]	[illegible]	[illegible]	[illegible]	[illegible]	[illegible]	羽	純濁
廿六	明		[illegible]	[illegible]	[illegible]	[illegible]	[illegible]	[illegible]	[illegible]	[illegible]	門	[illegible]	羽	次濁
廿七	非	輕唇	○	○	○	○	分	[illegible]	○	○	分	○	羽	純清
廿八	敷		○	○	○	○	芬	[illegible]	○	○	芬	○	羽	次清
廿九	奉		○	○	○	○	焚	[illegible]	○	○	焚	○	羽	純濁
三十	微		○	○	○	○	文	[illegible]	○	○	文	○	羽	次濁
卅一	影	喉音	[illegible]	安	因	煙	[illegible]	[illegible]	[illegible]	[illegible]	溫	[illegible]	宮	純清
卅二	曉		亨	頇	欣	軒	[illegible]	[illegible]	[illegible]	[illegible]	昏	歡	宮	次清
卅三	匣		恆	寒	[illegible]	賢	[illegible]	玄	[illegible]	[illegible]	魂	桓	宮	純濁
卅四	喻		○	○	[illegible]	延	雲	[illegible]	[illegible]	[illegible]	○	○	宮	次濁
卅五	來		[illegible]	蘭	鄰	連	倫	[illegible]	林	廉	論	鸞	[illegible]	次濁
卅六	日		○	○	人	然	[illegible]	[illegible]	壬	[illegible]	○	○	[illegible]	次濁

[illegible]

平聲經緯 一東 二冬 三支 四齊 五魚 六模 [illegible]

一見牙音 公 供 基 基 居 姑 乖 該 皆 規 巾 君 [illegible] 干 官 間 關 堅 涓 驕 高 歌 戈 江 光 岡 家 迦 庚 京 [illegible] 鉤 鳩 金 甘 兼

二溪 空 穹 谿 谿 墟 枯 咼 開 揩 窺 緊 皸 [illegible] 刊 寬 慳 ○ 牽 圈 蹺 尻 珂 科 羌 匡 康 [illegible] 佉 鏗 卿 [illegible] 彄 丘 欽 堪 謙

三羣 頎 窮 奇 奇 渠 ○ ○ ○ ○ 逵 勤 羣 ○ ○ ○ ○ 趯 乾 權 喬 ○ 翗 ○ 強 狂 ○ 伽 [illegible] ○ 擎 瓊 ○ 求 琴 ○ 黔

四疑 峣 顒 倪 倪 魚 吾 詎 [illegible] 崖 危 銀 輥 [illegible] 豻 刓 顏 頑 妍 元 堯 敖 莪 訛 卬 ○ 昂 [illegible] ○ 娙 迎 ○ 腢 牛 吟 [illegible] [illegible]

五端舌頭 東 冬 低 低 ○ 都 ○ [illegible] ○ 堆 ○ ○ 敦 丹 端 ○ ○ 顛 ○ 凋 刀 多 埵 ○ ○ 當 ○ [illegible] 簦 丁 ○ 兜 ○ ○ 耽 [illegible]

六透 通 炵 梯 梯 ○ 珍 ○ 台 ○ 推 ○ ○ [illegible] 灘 湍 ○ ○ 天 ○ 祧 叨 拖 詑 ○ ○ 湯 ○ ○ 鼟 汀 ○ 偷 ○ [illegible] 貪 添

七定 同 彤 題 題 ○ 徒 ○ 臺 ○ 頹 ○ ○ 豚 壇 團 ○ ○ 田 ○ 條 陶 駝 鮀 ○ ○ 唐 ○ ○ 騰 庭 ○ 頭 ○ ○ 覃 甜

八泥 [illegible] 農 泥 泥 ○ 奴 ○ [illegible] ○ 捼 ○ ○ [illegible] 難 渜 ○ ○ 年 ○ 嬈 猱 那 挼 ○ ○ 囊 ○ 膿 能 寧 ○ 羺 ○ ○ 南 拈

九知舌上 中 中 知 知 豬 ○ ○ ○ [illegible] 追 珍 屯 屯 ○ ○ 儃 ○ 邅 [illegible] 朝 嘲 ○ ○ 張 樁 ○ 吒 [illegible] 睜 貞 ○ 輈 輈 砧 詀 詀

十徹 忡 忡 痴 痴 攄 ○ ○ ○ 搋 吹 瞋 椿 椿 ○ ○ ○ ○ 脠 豩 超 [illegible] ○ ○ 昌 惷 ○ 叉 ○ 撐 檉 ○ 抽 抽 琛 ○ 覘

十一澄 蟲 蟲 馳 馳 除 ○ [illegible] ○ [illegible] ○ 陳 [illegible] [illegible] ○ [illegible] [illegible] ○ 纏 傳 潮 [illegible] ○ ○ 長 幢 ○ 茶 ○ 橙 呈 ○ 儔 儔 沉 [illegible] [illegible]

十二娘 ○ 醲 尼 尼 袽 ○ ○ ○ [illegible] ○ 紉 ○ ○ ○ [illegible] [illegible] ○ ○ ○ ○ 鐃 ○ ○ 娘 釀 ○ 拏 ○ 獰 ○ ○ [illegible] [illegible] 絍 喃 黏

十三精齒頭 宗 宗 貲 齎 諏 租 ○ 哉 ○ [illegible] 津 遵 尊 [illegible] 鑽 ○ ○ 牋 鐫 焦 遭 [illegible] [illegible] 將 臧 臧 ○ 嗟 增 精 [illegible] 諏 啾 祲 簪 尖

十四清 悤 悤 雌 妻 趨 粗 ○ 猜 ○ 崔 親 逡 村 餐 攛 ○ ○ 千 詮 鍫 操 蹉 [illegible] 瑲 倉 倉 ○ 磋 [illegible] 青 ○ [illegible] 秋 侵 參 僉

十五從 從 從 慈 齊 ○ 徂 ○ 裁 ○ 摧 秦 鶉 存 殘 攢 ○ ○ 前 全 樵 曹 醝 矬 牆 藏 藏 ○ 查 層 情 ○ [illegible] 酋 鬵 蠶 潛

十六心 松 松 思 西 需 蘇 ○ 顋 ○ 雖 新 荀 孫 珊 酸 ○ ○ 先 宣 蕭 騷 娑 莎 襄 桑 桑 ○ 些 僧 星 騂 [illegible] 脩 心 三 暹

十七邪 淞 淞 詞 ○ 徐 ○ ○ ○ ○ 隨 ○ 旬 ○ ○ ○ ○ ○ 涎 旋 ○ ○ ○ ○ 詳 ○ ○ ○ 斜 ○ 餳 ○ ○ 囚 尋 ○ 燗

十八照正齒 終 終 支 ○ 朱 ○ ○ ○ 齋 佳 真 諄 諄 ○ ○ ○ 跧 旃 專 昭 釗 ○ ○ 章 莊 莊 [illegible] 遮 爭 蒸 ○ 鄒 周 [illegible] 漸 詹

十九穿 充 充 蚩 ○ 樞 初 [illegible] [illegible] 釵 吹 瞋 春 春 ○ ○ 獮 ○ 川 穿 弨 抄 ○ ○ 昌 窗 窗 杈 車 鐺 稱 ○ 搊 犨 [illegible] [illegible] 襜

二十牀 崇 崇 漦 ○ ○ 鉏 [illegible] ○ 財 ○ 神 脣 脣 ○ ○ 潺 [illegible] ○ 船 ○ 巢 ○ ○ 淙 牀 牀 查 蛇 傖 繩 ○ 愁 ○ 岑 讒 ○

廿一審 舂 舂 詩 ○ 輸 踈 衰 ○ 篩 ○ 申 ○ ○ ○ ○ 刪 栓 羶 ○ 燒 梢 ○ ○ 商 雙 雙 沙 奢 生 升 ○ [illegible] 收 [illegible] 杉 苫

廿二禪 鱅 鱅 時 ○ 殊 ○ ○ 移 ○ 垂 辰 純 純 ○ ○ ○ ○ 鋋 遄 韶 ○ ○ ○ 常 ○ ○ ○ 闍 ○ 成 ○ ○ 酬 諶 ○ 蟾

廿三幫重脣 ○ ○ 卑 箆 ○ 逋 [illegible] ○ [illegible] 杯 賓 ○ 奔 般 般 ○ 班 邊 ○ 標 褒 ○ 波 邦 [illegible] 幫 巴 ○ 祊 兵 ○ ○ 彪 ○ ○ 砭

廿四滂 [illegible] [illegible] 披 批 ○ 鋪 [illegible] [illegible] [illegible] 坯 繽 ○ 濆 潘 潘 ○ 攀 篇 [illegible] 飄 拋 ○ 坡 胮 滂 滂 葩 ○ [illegible] [illegible] ○ [illegible] ○ ○ ○ ○

廿五並 蓬 蓬 皮 鼙 ○ 蒲 排 陪 排 裴 貧 ○ 盆 槃 槃 [illegible] ○ 楩 ○ 瓢 袍 ○ 婆 龐 傍 傍 琶 ○ 彭 平 ○ 掊 [illegible] ○ [illegible] [illegible]

廿六明 蒙 蒙 糜 迷 ○ 模 埋 ○ 埋 梅 民 ○ 門 瞞 瞞 ○ 蠻 眠 [illegible] 苗 毛 ○ 摩 厖 茫 茫 麻 哶 萌 明 ○ [illegible] 繆 ○ [illegible] ○

廿七非輕脣 風 風 ○ ○ ○ 夫 ○ ○ ○ 非 ○ 分 分 ○ ○ ○ ○ ○ 番 ○ ○ ○ ○ 方 ○ ○ ○ ○ ○ ○ ○ ○ 不 ○ ○ ○

廿八敷 豐 豐 ○ ○ ○ 敷 ○ ○ ○ 妃 ○ 芬 芬 ○ ○ ○ ○ ○ 飜 ○ ○ ○ ○ 芳 ○ ○ ○ ○ ○ ○ ○ ○ 秠 ○ 芝 ○

廿九奉 馮 馮 ○ ○ ○ 扶 ○ ○ ○ 肥 ○ 焚 焚 ○ ○ ○ ○ ○ 煩 ○ ○ ○ ○ 房 ○ ○ ○ ○ ○ ○ ○ ○ 浮 ○ 凡 ○

卅微 瞢 瞢 ○ ○ ○ 無 ○ ○ ○ 微 ○ 文 文 ○ ○ ○ ○ ○ 樠 ○ ○ ○ ○ 亡 ○ ○ ○ ○ ○ ○ ○ ○ ○ ○ [illegible] ○

卅一曉喉音 烘 胸 羲 羲 虛 呼 䪥 咍 俙 灰 欣 薰 昏 鼾 歡 羴 懁 軒 暄 囂 蒿 訶 ○ 香 荒 ○ [illegible] 靴 亨 興 [illegible] 齁 休 歆 蚶 [illegible]

卅二匣 紅 雄 奚 奚 ○ 胡 懷 孩 諧 回 礥 ○ [illegible] 寒 恒 閑 還 賢 玄 ○ 豪 何 和 降 黃 炕 [illegible] ○ 恒 形 [illegible] 侯 ○ ○ 咸 嫌

卅三影 翁 雍 伊 伊 於 烏 歪 哀 挨 威 因 氳 [illegible] 安 剜 黫 彎 煙 淵 妖 鏖 阿 倭 央 汪 航 [illegible] 肥 甖 英 [illegible] 謳 幽 音 諳 淹

卅四喻 融 容 移 移 余 [illegible] ○ 匝 ○ 幃 寅 雲 ○ ○ ○ ○ ○ 延 圓 遙 ○ ○ [illegible] 陽 王 胦 ○ 耶 ○ 盈 [illegible] ○ 尤 淫 佔 鹽

卅五來 隆 龍 離 離 閭 盧 [illegible] 來 [illegible] 雷 鄰 倫 論 蘭 鸞 [illegible] [illegible] 連 攣 聊 勞 羅 騾 良 瀧 郎 [illegible] [illegible] 棱 靈 ○ 樓 流 林 藍 廉

卅六日半齒 ○ 茸 而 而 如 ○ ○ 荋 ○ 蕤 人 犉 [illegible] ○ ○ ○ ○ 然 堧 饒 ○ ○ ○ 穰 ○ ○ ○ [illegible] ○ 仍 ○ ○ 柔 壬 ○ 髯

合口 撮口 齊齒 齊齒 撮口 合口 合口 開口 齊齒 合口 齊齒 撮口 [illegible] 開口 合口 開口 合口 齊齒 撮口 齊齒 開口 開口 合口 混 合口 開口 [illegible] [illegible] 開口 齊齒 混 開口 齊齒 閉口 閉口 閉口

中原音韻譜

上聲總譜 一二三四五六七八九十十一十二十三十四十五十六十七十八十九二十廿一廿二廿三廿四廿五廿六廿七廿八廿九三十卅一卅二卅三卅四卅五卅六

一見牙音 顆鞏几几舉古枴改解軌緊庰笴管簡○蹇繭矯橋舸果講廣獷○梗警耿苟久錦感檢
二溪 孔恐起起去苦胯愷楷䫌蜼稛侃款齴○遣犬巧考可顆慷懬○侃謦頃口糗顧坎頋
三羣 ○蛩技技巨○○○○○近窘領○○○件圈嶠○○○○○○○○痙○○舅噤拑儉
四疑 澋○擬擬語五○騃覞顡齗齳眼○齾阮咬積我婉仰○聊瓦雅○○眍○藕○僸顩頷
五端舌頭 董湩邸邸○覩○解○朊○崸重短○○典○鳥搗鬌朶○○黨○哆等頂○斗○○膽點
六透 統○體體○土○嗤○腿○崸坦疃○○腆○朓討椗妥○○儻○○豔逞○○䵍○○菼忝
七定 動○第弟○杜○待○錞○○悉但斷○○殄○窕道舵惰○○蕩○○○䠆挺○蓋○○禫簟
八泥 猥猴禰禰○努○乃○餒○○○納撚煖○○撚○嬲腦娜婠○○曩○○○能顊○穀○○腩淰
九知舌上 冢冢徵徵貯○傳○鉙○黔○○○鋒○○展轉○巢○○○長○○○○町最○肘肘搵黏
十徹 寵寵褫褫楮○○○○○疢稱稱○○○○褫腞鬌翻○○○昶○○○○逞○○丑丑躧僩諂○
十一澄 重重豸豸佇○豸○豸○○賸蜳蜳○○○○邅篆鄩○○○丈○○○○瑒徎○紂紂朕湛湛
十二娘 ○○濔濔女○○○嬭○○○○○○○赧○趁暖○璆○○○攘○○○○○搟○○狃狃拰喃○
十三精斜齒 總總子濟苴祖○宰○罪儘撙劃趲纂○○剪臇剿早左○鼈儺○○○壯姐○○○井○走酒怎咎憯
十四清 憁憁此泚取趡○采○趡萄忖忖○慫○○淺○悄草瑳脞槍蒼蒼○且○○○請○趣○寢慘壍
十五從 從從縈薺聚麈○在○皐盡鱒鱒瓚○○○踐○雋淚皁鯊坐○奘奘○○姐○○靜○○鯫湫蕈暫漸
十六心 悚悚枲徙醑卤○諰○○髓囟損瀡散繖○○○獮選小嫂縒鎖想顙顙○寫○○省○○叟滫沁糝槮
十七邪 ○○似兕緒○○○○○○樋○楯○聊○○○緒羨○○○○○像○○○○灺○○○○○○○鉞○
十八照正齒 腫腫止滓主阻○○枳○軫準準○蝬醆○○賭剸潝爪○○○掌㧡㧡鮓者眵整○掫帚諂斬颭
十九穿 雜雜齒刺杵楚攦茝莽○齔蠢鱃○㥲剗○○闡舛敤炒○○○敞愴愴㶎扯瀏○○○醜醜醊○○
二十牀 ○○士㖏圩齟○○○○濜盾盾○撰棧○○○○○○○鱃○○○○槎○○○○○○○○○○○
廿一審 ○○始○暑所○○○○瀡水矧睶睶○○産○然○少稍○○○賞爽爽灑舍省○○○溲首沈㨶陝
廿二禪 ○○○視○豎○○○○蓰腎○○○○○○善膳紹○○○○○上○○○社○○○○受甚○蟬
廿三幫 琫琫彼埤補擺擺悖稾本版版○板褊褊表飽○跛䙺榜榜把○禍餅丙○褓○稟○○貶
廿四滂 ○○化顆普帔怌帔棓品○栟拌拌盼○篇篇鏕砲○叵搒髒髒土○○姘頩○剖○品○○○
廿五並 菶菶被陛○簿罷倍罷倍牝○猜伴伴板○○楩○摽抱○爸蚌○○○○○餅並○○培○扎○○○
廿六明 蠓蠓美米○姥買穲買每泯閔滿滿○鬱免緬渺卯○○麼俛莽莽馬乜猛皿母畆○畝嫐淰
廿七非輕唇 覂覂○○甫○○○匪○粉粉○○○○反○○○○○昉○○○○○○○○○缶○鬴腇○
廿八敷 捧捧○○撫○○○斐○忿忿○○○○○疲○○○○○彷○○○○○○○○○恆○紑○○
廿九奉 奉奉○○父○○○膹○憤憤○○○○○飯○○○○○○○○○○○○○○○婦○○范○
三十微 ○○○○武○○○尾○吻吻○○○○○晚○○○○○罔○○○○○○○○○○○○鋄○
卅一曉喉音 嗊洶喜喜許虎彬海○賄遠○○惛罕澀○○顯蘊曉好歌火響慌汻嘯○○擤鶴蹀吼朽吽喊險
卅二匣 汞○傒傒○戶夥亥蟹瘣○○混旱緩限晥○峴泫晶晧荷禍項晃潢○○○○盧嫜廟厚○○頷腖
卅三影 蓊擁倚倚掋隖藹毒㩉猥隱惲穩安椀軋綰○偃絹夭燠婀婐鞅泱坱○○○褶櫻瀯歐颭飲晻奄
卅四喻 ○勇以以雨○○○○○偉引殞○○○○○○演遠鷕○○○養往○野○郢永○○有○○琰
卅五來半舌 龍隴里里呂魯○○鑗欏壘嶇輪淪嬾卵○○○輦臠了老橑裸兩○朗磊蹠○冷領○○壞柳膿○覧斂
卅六日半齒 ○冗爾爾汝○○○○○蕊忍蠕○○○○○○燃軟遶○○○○壤○○惹若○○○○○蹂荏○冉

合口 ○ ○ 撮 撮 合 合 開 齊 合 齊 撮 合 合 開 合 合 齊 撮 齊 開 開 合 合 開 開 齊 齊 合 開 齊 合 齊 開 開 閉 閉

中原音韻 韻旨總講 五

聲經緯

一見牙音：貢拱冀冀據顧卦蓋介貴新攜輪幹貫諫慣建眷叫誥箇過韁桄掆駕○更敬局遘救禁淦兼

二溪：控恐器器去庫蒯愾熇塊勸趣齦衍鐵○○倦綣竅譴坷課嘵曠抗○○○慶寇○○欽坎歉

三羣：○共芰芰具○擊隆齬匱近郡○○○○趙健倦翹轎○○弶狂○○○○競○○舊噤黔鈐

四疑：峅○詣詣遇誤礙睚偽魏慭○○岸玩鴈翫彥願顟傲餓臥仰○枊砑○硬迎○偶劓吟儼驗

五端舌頭：凍湩帝帝○妒○戴○對○○頓旦鍛○○殿○弔到跢剁○○當○○嶝矴○鬥○○擔店

六透：痛統替替○兔○泰○退○○褪炭彖○○瑱○眺套唾○○湯○○○聽○透○○探掭

七定：洞○地地○度○代○隊○○鈍憚段○○電○調導馱○○宕○○鄧定○豆○○潭磹

八泥：齈○泥泥○怒○奈○內○○嫩難便○○晛○溺腝奈○○儾○○○寧○耨○○妠念

九知舌上：中中智智著○膂○媞○鎮○鈍○○○○○○○罩○○○帳○吒○○○○○晝○站覘

十徹：惷惷懥懥絮○○○藞慨趁○○○○○○○○○○○○悵○詑○○○○○畜○○覘

十一澄：重重緻緻住○鰷○墜陣○○○○○綻○○傳召棹○○○仗○蛇○○○鄭○胄○○○

十二娘：○○膩膩女取○○褦納○○○○○奻○○○○撓○○○釀○○○○○○○糅○○○

十三精齒頭：縱縱恣霽怚作○○醉晉○○○贊攢○○箭○醮竈佐○○醬葬借○○增○奏○○○漸

十四清：摠摠次砌措○○○翠親○○○粲竄○○蒨○峭操○○○蹌○○○○○○湊○○○塹

十五從：從從自嚌祚○○在罪○○○○攢攢○○賤○誚漕○○○匠藏○藉○○贈淨○就○○○潛

十六心：送送四細訴○○賽碎信○○○散算○○霰○笑嘯○○○相喪○○○○○性○秀○○三○

十七邪：頌頌寺○○○○○遂○○○○○○○○羨○○○○○○○○謝○○○○○○○○○

十八照正齒：眾眾志制注詛○○債贅○○○○○○○戰○照抓○○○障壯詐柘○證○呪○○○占

十九穿：銃銃廁掣處○○○瘥吹櫬○○○篡○○○○○礎釧覘抄○○○唱創○○○稱○臭○○讖○

二十牀：劖劖示○○助○○○○○順○○○○饌○○巢○○○狀狀乍○○○○○○驟○○○

廿一審：○○施世恕疏○嗮稅瞬○○○○○扇○○○稍○○○餉霜○○舍○○○○獸○○滲○

廿二禪：○○嗜逝署○○○瑞慎○○○○○繕○○邵○○○○尚○○○射○○乘○○○○甚○

廿三幫重脣：○○庫閉○布拜貝拜背儐○○奔半○○扮○○○變○○報○○播○○○○霸○○○○○

廿四滂：○○譬媲○鋪湃沛湃配○噴○○判判○○襻○○○剽○○○破○○○帕○○聘○○○○○

廿五並：○○比薜○捕稗旆稗佩○○坌○○叛叛辦○○○卞○驃○○○暴○○○○○病○○○○○○

廿六明：○○寐謎○暮賣昧賣昧○○悶○○縵縵慢○○○面○妙○○○磨○○○禡○○命○○○○○

廿七非輕脣：颿颿○沸○付○○○○○○○糞○○○○○○○販○○○○○○○○○○○富○○○○

廿八敷：賵賵○費○赴○○○肺○○○忿○○○○○○○嬔○○○○○○○○○○○副○○○○

廿九奉：鳳鳳○費○附○○○吠○○○忿○○○○○○○飯○○○○○○○○○○○復○○○○

三十微：夢夢○未○務○○○○○○○問○○○○○○○萬○○○○○○望○○○○○○○○○○

卅一曉喉音：殊嗅戲戲黜諱話餃懈誨釁訓悋漢喚○○獻楥孝耗呵貨向荒○○○許興○蔻齅譀嚬○

卅二匣：閧硇系系○護壞澀邂惠○○○翰換骭患見縣效號賀和巷吭○○○行脛○候○憾○○

卅三影：甕○飫飫○惡躗晏隘畏印醞○按悅晏綰宴怨要奧柽涴快盎○○○瀴映○漚幼蔭暗厭

卅四喻：○○遺遺預○○○○位胤運○○○○○衍遠耀○○○○漾○○夜○○○○詠○○宥○○豔

卅五來半舌：弄隆吏吏慮路○○○類吝論冷爛亂○○練戀料潦邏○亮浪○○○○○令○陋溜臨濫歛

卅六日半齒：○鞯二二孺○○○○芮及閏○○○○○○○○○○○讓○○○○○認○○輮○○○染

呼：合合齊齊撮合合開齊合齊合開開合開合齊撮齊開開合齊合開開撮開齊開開齊開開閉閉

五

中原音韻正[illegible]

入聲韻

一見牙音

二溪

三羣

四疑

五端舌頭

六透

七定

八泥

九知舌上

十徹

十一澄

十二孃

十三精齒頭

十四清

十五從

十六心

十七邪

十八照正齒

十九穿

二十牀

廿一審

廿二禪

廿三幫重脣

廿四滂

廿五並

廿六明

廿七非輕脣

廿八敷

廿九奉

三十微

卅一曉喉音

卅二匣

卅三影

卅四喻

卅五來半舌

卅六日半齒

曲樂源於北方。字音純依北韻。中原音韻引北地方音。就四呼之準。通轉之變。釐目十九。應以六部收聲。東鍾江陽庚青收以穿鼻。支思齊微皆來收以展輔。魚模蕭豪尤侯收以斂脣。真文寒山先天收以抵齶。桓歡歌戈家麻車遮收以直喉。侵尋監咸廉纖收以閉口。其配字分合之間。悉按北口而諧弦樂。如醾字。南音叶迷。北音叶梅。彼字南音叶卑之上聲。北音則叶妣。焚字南音叶分。北音則叶梵。此南北讀音之異也。東字撮口入鼻。冬字合口入鼻。惟弦音重泛不易體別。麻字張口。遮字哆口。雖辨在幾微。而弦音因應分明。兄觥入庚。弦應入東。若弦應庚韻。便與管聲無別。此南北韻目分合之異也。平上去入均細分陰陽。即陰陽之分不以入鼻為限　其說雖晚。然實配簫管之均。至大三弦弦徽位置以高徽應去平低徽應上平近鼓之處音高近軫之處音轉下、平聲字正應在鼓軫之間若東冬、鍾等字必應在近鼓之平弦、若同洪容等字必應在近鼓較遠之平弦而去上聲字祇須分配於近軫或近鼓之徽不須於同距、之間更細別其徽距徽近之異、故平聲獨判陰陽、而上去陰陽皆不必細論至若應弦在口、北音讀董隴凍洞諸字陰陽不清習之所安勢難強同南口、中原音韻、既以弦索北音為主於是平分陰陽而去上弗論此南北陰陽分韻之異也自明昌提携漢學、南北聲每相交雜迄至元初雜劇就口成叶、弦索聲中、南風暗漸、稍後弋陽潛起流於河北、弦索斷撥之義更晦、頓氏運連珠指法以入三弦、北曲抗墜之音更亂而字韻益紊德清撰簫管南音、立北口涇渭使當時北曲之音賴之以顯後來繼作賴之以正。及至明人傳奇間用北套號稱北規暗圓南口、於是韵叶、漸趨混雜、入清諸賢、又多拘執漢唐六朝舊聲、以論曲韵、務高明而忽元曲近執其說益棼、其用益晦雅樂家更直欲執古樂律之義相論證、不知北曲樂律尚隔燕樂、今律一關是猶強尊五經入三墳移六朝於三代溯本遺流又豈挺齋所及料者、然則北韵疏義之責、其在茲乎、

平上去入、義據南聲、南口便於輕脣輕舌及齒頭運轉之勢、北口習於重泛而易用捲舌、故南音念字易斷易續、北口高亢易續難斷歌唱反是、南易連北易斷、入聲出口極促聲稍延遲即混平上去、就弦索言之、聲稍抑即揚易、而幽抑不揚難揚則泛音廣、故入聲字應弦、輒

混入平上去三聲、弗能明析毫釐、入聲出口即斷、始保原音、而北口固不易為也、故中原音韻以入聲字派在平上去中、三聲是用、豈得已哉、昔賢論入聲北音、以為凡一入聲字皆可通用於平上去、不必限用於平上去中某一專韻、實則此僅就北口通轉而言、仍係囿於南音之見、未嘗措意於北詞住聲之用也、凡住聲處、入派三聲、必限專屬、設亂次以濟、則母紐之義俱紊、是以術蜀述贖諸字、因叶「殊」而專隸魚模作平用、竹築囑燭諸字、因叶「主」而專隸魚模作上用、綠錄戮陸諸字、因叶「慮」而專隸魚模作去用、舉一反三、從知入聲分隸之際、皆有所歸、再就弦樂言之、魚模為滿口而有撮合之別、在弦重泛應合、次重泛應撮、故同隸魚模入聲字、綠錄之屬應重泛、竹築之屬應次重泛而術蜀之屬又須應輕泛倘澀滑不分兩失其正、住聲在口、為句節之本、住聲在弦、為拍節之協而弦泛既相差於微末字音必悉脗於毫釐然後始能聲詞相諧、表裏通澈、又詎可泛代入聲、不專一韻耶、至於入聲代用、字出口多促、而入樂出字之後、尚有樂腔、若引字延其腔、則收音皆不能閉、蓋出口既促、（凡入代他聲、出口收韻歸他聲呼法仍須守入聲促口、）收音再閉則延腔無根故如緝合葉洽之屬雖係閉口、而挺齋仍不將之隸入侵尋監咸廉纖等閉口韻內此實為北曲所限、入無閉口、乃諧樂聲、違古之議、固不當獨繩周氏或又以為昔人有言、正清次清之入聲、北音作上、次濁作去、正濁作平、而中原音韻中、清聲之作去者不下十之三四、作平者亦竟十之二三、毋乃有誤、不知字音者口誦之音也、若歌而出之、字音與樂腔兩相表裏、字音有頭腹尾之分、以字音引樂腔、則字頭字尾守字音出口與收韻、字腹則須符樂腔之抑揚、其字音啟收若皆平抑者、然樂腔未必能終始平抑也、設樂腔揚、則字音濁者須以清應、然竟讀清音必亂本原、是應弦須清而未可以清出口也、然則奈何惟有濁之於字頭而清之於字腹、次濁於字尾、雖權變其清濁通派之用、固未悉達其根本也、限於樂腔實有不得不變者、且北口吐入聲字往往囿於方音而清濁異位者、循俗音所安酌為通假、綜而論之、挺齋釐韻悉求協弦索韻律、而於俗字俗音、又必期其能稍近正軌、故不明弦索之旨、不達中州今音、皆不足以論挺齋之韻也、夫抗心希古固誠為通碩之所趨

而刻徵調宮更莫忘協律之末事然則北曲之韻其在雅俗間乎爰分目疏義以見旨捣

中原音韻 正語之本 變雅之端

元高安挺齋周德清輯　汪經昌薇史疏

東鍾

平聲

陰

東冬○鍾鐘中忠衷終○通蓪○松嵩○冲充衝舂忡椿艟穜翀种○邕嗈雍○空崆○宗椶騣○風楓豐封葑峯鋒烽丰蜂○鬆憁○匆葱聰驄囪烟突○蹤縱樅○穹芎傾○工功攻公蚣弓躬恭宮龔供肱觥○烘叿人聲轟薨○凶兇匈洶兄○翁鞥齆齈辟癰泓○崩繃○烹

陽

同筒銅桐峒童僮曈朣潼鬉○戎茙駥絨
毧茸○龍隆癃窿○窮藭蛩邛笻卭○籠朧曨
櫳瓏巃礱龍嚨○膿農儂○濃穠醲○重蟲
慵鱅崇○馮逢縫○叢藂叢琮○熊雄○容溶
蓉瑢鎔庸傭鄘鏞墉融榮○蒙濛朦矇甍盲
瞢萌○紅鉷虹洪鴻宏紘橫嶸弘○蓬篷芃
鬅髼彭棚鵬○從

上聲

董懂○腫踵種冢○孔恐○桶統○汞嗊○
隴壟○篢攏○洶詾○聳竦○拱鞏珙○勇
擁涌踴悀永俑○蠓懵猛艋蜢○總○捧○

去聲

重○冗○噥○唪

洞動棟凍蝀○鳳奉諷縫○貢共供○宋送○弄哢聾磨○控空鞚○訟誦頌○甕齆齈○痛慟○衆中仲重種○縱從粽○夢孟○用詠瑩○哄閧橫○綜○迸○銃

〔疏〕本韻音半入鼻、純次鼻音、無啟齒張牙之字、出字舌居中、收音緩入鼻、繹其清濁、七音皆具、工孔貢之類音皆宮、中腫众之類音皆商、濃桶之類音皆角、松竦送之類音皆徵、兄勇用之類音皆羽、風唪諷之類音皆變宮、東董洞之類音皆變徵、循此類推、七音可備知也、同聲之字、中鍾終忠衷螽皆之戎切、宗蹤騣椶鬆鬉皆茲鬆切、充冲衝椿幢皆初戎切、匆聽驄蓯忽皆粗叢切此收音處抵舌與不抵舌所由分也、類韻以屬東諸字爲合口屬冬諸字爲開口故廣韻以降率分東冬二部但北音厚重雖知軒輕不易口分中原音韻本以中州北音爲主故東冬、鍾相合不細離析南聲如正韻及韻學集成、東冬、音亦併爲一、是中州北音東冬合用、尤不足異、至若方域土音、輒易混淆雅正、如弋陽之音、讀公如昆風如分、翁如溫、逢如墳、紅如渾、東如登、同如騰、隆如橫、遂近真文庚青兩韻傳奇中琵琶幽閨諸劇每多混韻、實此類土音所誤昔賢固不以爲非、而在今又亟應明辨

江陽

平聲

陰

姜江杠釭薑彊韁殭僵○邦梆幫○桑喪○

雙艭霜孀鸘驦○章漳獐樟璋彰麞張○商

傷殤觴湯洪水○漿螿將○莊妝裝樁○岡剛

鋼綱釭扛玒亢○康糠○光胱○當璫簹襠

膛○荒𥢶肓○香鄉○鎊滂雱○腔椌蜣羌

○鴦央殃秧泱○方芳枋妨坊肪○昌猖娼

菖閶○湯鏜○湘廂相箱襄驤○搶鏘蹡○
匡筐眶○汪尩○倉蒼○牕瘡○贓臧

陽

陽揚楊暘昜颺羊徉洋佯○忙茫卬芒鋩哤
狵庬○粮良涼綡輬梁粱量○穰禳瀼瓤○
忘亡○郎榔廊螂稂浪琅狼○杭行頏航○
昂卬○床幢撞噇○傍旁房龐逄○房防○
長萇腸場常裳嚐償○唐搪塘糖堂棠○詳
祥翔○牆檣嬙戕○黄潢簧鰉蝗皇篁凰惶
艎遑隍○藏○强○娘○降○王○狂○囊

上聲

講港鏹○養痒鞅○蔣獎槳○兩魎○想鯗
○蟒莽漭○爽漺○響嚮享饗夯○敞氅昶

○壤穰○舫傚放訪昉○罔網輞○枉往○顙磉嗓○榜搒○倘帑○黨讜○掌長○朗○謊恍○仰○廣○沆瀣沆○髒○強○搶○賞晌

去聲

絳降洚虹糨強○象像相○亮諒量緉輛○養羕煬瀁樣怏鞅漾恙○狀壯撞○上尚餉○讓懹釀○帳脹漲丈仗杖障墇瘴○巷向項○匠將醬○唱倡暢悵韔○創剏○望忘妄○旺王○放訪○蕩宕碭當擋○浪閬○葬藏戇○謗傍蚌棒○炕亢抗○曠壙纊○晃幌○況貺○釀○仰○喪○胖○行○愴○誑○盎○戧○鋼○盪湯

疏本韻係次鼻音、出字張口、收音緩入鼻中、七音皆備、岡廣炕之類、音皆宮、章掌帳之類、音皆商、姜講絳之類、音皆角、湘槳葬之類、音皆徵、鴦響巷之類、音皆羽、邦榜望之類、音皆變宮、當黨盪之類、音皆變徵、呼字之準、更須明齊齒撮口、撮口帶穿牙之分、江陽皆齊齒也、邦王皆撮口也、雙總皆撮口帶穿牙也、雖所呼不同、而音本一類、辨在毫釐、弋陽土音、關官作光、丹端作當、班般作幫、蠻瞞作茫、蘭鸞作郎、致將寒山桓歡先天韻中字混入本韻襍用、而金閶吳音、將本韻中正齒音字易誤作齒頭音、如章混臧、閶混倉、傷混桑、明人傳奇、每多此失、中原正音、遂迷軌跡、夫豈不

知習積難返耳

聲韻同義已作開音字數並收恐識之誤

支思

平聲

陰

支枝肢巵氏梔榰之芝脂胝○髭貲觜茲孳

孜滋資咨淄諮姿秄○眵䁔差○施詩師獅

螄尸屍鳲蓍○斯撕廝澌鷥颸思司私絲偲

罳○雌

陽

兒而洏○慈鷀磁茲餈茨疵玼茈○時塒鰣

匙○詞祠辭辤

上聲

紙砥底旨指止沚芷趾祉阯址徵跽○爾邇

耳餌珥駬○此玼跐泚○史駛使弛豕矢始

屎菌○子紫姊梓○死○齒

入聲作上聲

澀瑟史音○塞死音

去聲

是氏市柹侍士仕使示謚蒔恃事施嗜豉試弑筮視噬○似兕賜姒巳汜祀嗣飼笥耜涘俟寺食思四肆泗駟四○次刺莿○字漬牸自恣骴此眥○志至誌○二貳餌○翅○廁

［疏］本韻皆屬齒音、出字露齒收音作醫詩切、故沈苑賓以為直出無收、多商徵之音、支紙志之類音皆商、茲子自之類、音皆徵、其餘五音蓋闕如也、韻內凡屬照穿等母音字、如巵、

師時之屬均當作正齒音，凡屬精清等母音字，如資、司、詞之屬，均當作齒頭音。然皆必穿牙而出，設不穿牙，易與「上」相混。本韻內有穿牙、不穿牙之分，吳地土音每多顛倒。塞、瑟、澁等入聲字，皆叶作上聲。塞叶思子切，瑟、澁叶生止切。至閼塞之塞，仍歸去聲本音，不入支思矣。

齊微

平聲

陰

機幾磯璣譏肌飢笄朞箕基雞稽饑姬奇羈羇○歸圭邽龜閨規○䕻齏擠躋○雖荽綏

睢尿○低堤磾眡氏羝○妻淒萋棲悽○西
犀嘶○灰揮暉輝翬麾徽隳○杯悲卑碑陂
○追騅錐○威偎隈煨○非扉緋霏騑馡菲
妃飛○溪欺欹○希稀豨羲犧曦醯熹嘻僖
熙○衣依伊醫鷖猗漪噫○吹炊推○醅披
邳丕呸胚紑○魁盔虧窺瑰奎○笞癡郗蚩
媸螭鴟絺○崔催衰榱○紕批鈚○堆䭔○
篦鎞○知蜘○梯

陽

微薇維惟○黎黧犁梨藜瓈離璃籬醨䍦离
鸝驪麗狸蜊釐嫠漓○泥尼鶃○梅莓枚媒
煤眉湄楣嵋麋糜醿靡○雷檑纍罍羸○隋
隨○齊臍○回徊迴○圍闈帷幃違嵬巍危

桅為○肥淝○奇騎琦碕萁期旗旂綦祈祁
其畿祇耆鬐芪岐麒琪蘄○奚兮畦攜蹊○
移扅兒鯢霓倪猊輗姨夷痍疑嶷鷖沂宜儀
鸃彝貽怡眙飴圯頤遺蛇○啼蹄提題醍綈
稊○鎚垂陲○裴陪培皮○葵馗夔逵○池
馳遲墀篪持○頹魋○脾疲比毗羆○迷彌
瀰○誰○推○蕤

入聲作平聲

陽 後同

實十什石射食蝕拾○直值姪秩擲○疾嫉
葺集寂○夕習席襲○荻狄敵滌笛糴○及
極○惑○逼○劾○賊

去聲作平聲

陽

上聲 鼻

迤娭○尾亹○倚椅錡扆偯螘矣已以苡顗

擬艤○浼美○蟣幾己几麂紀○耻侈○捶

箠○痞否嚭圮秕○鬼簋氿軌詭晷宄○悔

賄毀卉譭燬虺○妣比匕○禮醴里裏理鯉

娌𡚁蠡屣○濟擠○底邸詆柢觝○洗璽枲

徙屣○起棨啟綮綺杞豈○米弭眯○徐旎

禰○彼鄙○喜蟢○委猥唯隗葦偉○壘磊

儡蕾○體○腿○蘂○觜○髓○水○餒

入聲作上聲

質隻炙織隲汁只○七戚漆刺○匹闢僻劈

○吉擊激鎑棘戟急汲給○筆比○失室識適拭軾飾釋濕奭○唧積稷績跡脊鯽○必畢蹕篳碧壁璧躄○昔惜息錫淅○尺赤喫勑叱鷘○的勒嫡滴○德得○滌剔踢○吸隙翕檄覡○乞泣訖○國○黑○一

去聲

未味○胃蝟渭謂䮹尉慰緯穢衛魏畏餧位飫○貴櫃餽愧悸桂檜膾鱠跪獪繪○吠沸費肺廢芾○會晦誨諱惠蕙慧潰闠○翠脆顇倅萃悴淬焠○異裔義議誼毅藝易翳瘞勩枻曳瞖詣饐刈乂意劓羿懿○氣器棄憩契楔○霽濟祭際劑○替剃涕嚏○帝諦締第娣弟悌地遞棣○背貝狽焙倍婢備避輩

被獘幣臂髲詖帔○利痢莉俐例唳戾沴離
隸癘礪厲涖荔詈劙麗○砌妻○細壻○罪
醉最○對隊碓兌○計記寄繫繼妓忮技髻
偈忌季縊騎既驥冀薊鱖○閉蔽畀箅斃嬖
庇比秘陛賁○謎尒○睡稅說瑞○退蛻○
歲碎粹祟邃繸穗燧隧遂彗○墜贅綴縋懟
○製制置滯雉稚致彘治智幟熾質○世勢
逝誓○淚累酹擂類纇誄耒礧○配佩珮轡
霈沛悖誖○妹昧媚魅袂瑁寐○戲系係○
簣蕢揆○殢膩泥○蚋芮銳焫○吹喙○内

入聲作去聲

日入○覓蜜○墨密○立粒笠曆歷櫪瀝癧
靂皪力栗○逸易婸譯驛益溢鎰鷁液腋掖

疫役一佾泆逆乙邑憶揖射翊翼○勒肋○劇○匿

〔疏〕本韻脣齒齶三音互爲經緯、出字嘻脣收音若「噫」吐屬多商徵而缺正宮之聲知耻製之類音皆商、機起氣之類音皆音角、虀擠霽之類音皆徵、衣椅戲之類音皆羽、篦紕閉之類音皆變宮、低底帝之類音皆變徵、韵中諸字恒與皆來相混、區別處重在出口、皆來出字扯口、本韵重嘻、脣、稍一疏忽迷離莫辨、其齒音合口諸字、如錐、椎、萎之屬、設呼以開口、便誤入支思或皆來、其齶音合口字如歸、虧、馗、圍之屬、若呼以撮口、便誤入支思、魚模、吳音多此失、故明人傳奇中北詞住聲、數見支思魚模中字竄亂本韻、而輒以借叶為名文飾其非、最壞規矩、本韻入聲字、均派作平上去、其特副孛賊核或國克得忒筆北則黑墨勤諸字、可分別用「韋」平叶「委」上叶「胃」去叶作開口呼而略如孩欸亥呼法轉入本韻、惟孩亥須如吳音作次濁音呼之、方不混於皆來、至同聲異字、若平韻微維惟薇、必以無非切呼之危違圍為、必以吳歸切呼之仄韻若稅睡瑞、必以師贅切呼之碎祟歲、必以桑醉切呼之、則脣齒顯之異乃顯然而有別也、

夫下俗鈌兹
據舊本校補

魚模

平聲

陰

居裾琚鶋車駒拘俱○諸猪瀦朱姝株蛛誅
珠邾侏○蘇酥穌甦○逋餔晡○樞樗攄○
粗芻○梳蔬疏踈○虛墟噓嘘歔吁○蛆趍
○疽沮趄苴狙雎○孤姑辜鴣酤沽蛄菰觚
○枯刳○迂紆於○嗚汙烏○書舒輸紓○
區軀驅嶇貙○須須鬚胥醑需繻○膚夫鈇
趺跌敷麩孚鄜莩枹桴郛○呼○初○都○
租

陽

盧閭驢臚蔞○如茹鴽鴐儒薷襦繻嚅濡○無蕪巫誣○模謨摸謀○徒圖菟屠荼途瘏駼塗○奴孥砮駑○盧蘆顱鱸轤艫櫨瀘鑪爐○魚漁虞余餘竽于盂雩與輿旟璵舁好歟譽愚盂隅禺臾揄愉俞覦艅瑜窬逾渝䦕腴諛萸○吾浯鋙蜈珸吳梧娛鼯○雛鋤○殊茱銖洙○渠蕖磲蘧劬瞿衢臞○除蜍滁篨廚幮蹰儲○扶夫趺符芙鳧浮○蒲脯酺捕○胡糊湖醐瑚鶘壺狐弧乎○殂祖○徐○

入聲作平聲

獨讀牘瀆犢毒突纛○復佛伏鵩袱服○鵠鶻斛槲○贖屬述秫術朮○俗續○逐軸○

族鏃○僕○局○淑蜀孰熟塾

上聲

語雨與圄圉齬敔禦愈羽宇禹庾○呂侶旅
膂縷僂○主煑柱渚麈豎翥○汝乳○鼠黍
暑○阻俎○杵楮褚處杼○數所○祖組○
武舞鵡侮廡○土吐○魯櫓虜鹵滷○覩堵
睹○古罟詁沽牯蠱估盬鼓瞽股羖賈○五
伍午仵忤塢鄔○虎滸○補浦圃鵏○普溥
譜○甫斧撫黼脯府俯腑父否○母某牡姥
畝○楚礎憷○舉莒矩櫸○弩努○許鄦○
取○苦○咀○女○嶼○傴去

入聲作上聲

谷穀轂骨○蔌縮謖速○復福幅蝠腹覆拂

○卜不○菊踘局廷○笏忽○築燭粥竹○
粟宿○曲麯屈伸○窣窟酷○出黜畜○叔
菽○督篤○暴撲○觸束○簇○足○促○
秃○卒○蹙○屋沃兀

去聲

御馭遇嫗裕諭芋譽預豫○慮濾屢○鋸懼
句據詎巨拒柜距炬苣踞屨絇具○恕庶樹
戍豎署曙○覷趣娶○注澍住著柱註鑄畀
炷駐紵苧貯竚○數疏○絮序敘緒○孺茹
○杜妒肚渡鍍斁度蠹○赴父釜輔付賦傅
富仆鮒賻訃拊婦附阜負○戶扈護瓠互戽
護岵怙○務霧騖鶩戊○素訴塑遡泝嗉○暮
慕驀募○路潞鷺輅露賂○故錮固顧雇○

誤悞悟寤惡汚○布怖佈部簿哺捕步○醋措錯○做祚胙詛○兎吐○怒○鋪○處○去○聚○助

入聲作去聲

祿鹿漉麓○木沐穆睦没牧目鶩○錄籙綠酥陸戮律○物勿○辱褥入○玉獄欲浴郁育鵒○訥

疏 本韻以滿口為主出字撮口呼、其中屬魚韻各字、收音若于屬模韻各字、重收若嗚、魚模之間、賴以區析、本魚模韻多商徵聲、諸主注之類、音皆商、居舉鋸之類、音皆角、疽取絮之類、音皆徵、迂許御之類音皆羽韵中撮口字、後人析為居魚、而齒音字、吳音又每混入齊微支思、最須明辨、合口字如孤枯之屬、均應滿口、稍有不足、便成撮口、莫得正音、踈鉏阻數所之屬、必出穿牙、苟一失檢、將與蘇狙祖素瑣之屬無別矣、

皆來

平聲

陰

皆堦階喈街偕稭楷○該垓荄陔○哉栽灾

○釵差○台胎駘咍邰○哀埃唉○猜○挨

○衰○腮○歪○開○揩○齋○乖○篩○

揣

陽

来萊騋○鞋諧骸○排牌簰俳○懷淮槐褱

瀤○埋霾○騃皚○孩頦○柴柴豺儕○崖

厓捱○才材財裁纔○臺薹擡儓苔臭簹○

能

入聲作平聲

白帛舶○宅擇澤擇○畫劃

上聲

海醢○靉詒紿○駭蟹○宰載○采彩採寀

綵○靄藹乃毒○奶乃○蒯拐夬○剴鎧塏

○揣○擺○矮○解○楷○買○攺

入聲作上聲

拍珀魄○策冊柵測跚○伯百栢迫擘檗○骼革隔格○客刻○責幘摘謫側窄仄昃簀迮○色穡索○摑○摔○嚇○則

去聲

懈械薤解獬○塞豸瘵債蠆眦○態泰太汰○蓋丐○艾愛噫餲○捱隘阨搤○柰奈耐鼐○害亥姟○帶戴怠迨待代袋大岱黛岱○戒誡廨解界介芥疥屆玠犗嵑○外聵○快噲塊○在再載○賣邁○賴籟瀨賚癩○拜湃敗憊稗○菜蔡○曬灑殺鎩○寨賽塞○怪○壞○慨○派○帥率○灑

入聲作去聲

麥貊陌驀脉○額厄峉軛○搦

疏 本韻、以落腮音為主、出字扯口、收音若噫、全韻七聲皆備、該改蓋之類、音皆宮、齋揣曬之類、音皆商、皆解戒之類、音皆角、哉菜之類、音皆徵、挨矮靉之類、音皆羽、埋擺賣之類、音皆變宮、奶戴之類、音皆變徵、陰平無變宮、上聲無正徵、而變徵音不及陽平、韻中各字、每與歸回相混、如讀乖作歸、讀歪作威、讀懷作回、弋陽土音、最易迷離、若呼字落腮、便無此失、

上俗刻多
兹據舊本補

真文

平聲

陰

分紛芬氛汾○惛昏婚葷閽○因姻茵湮氤闉○申紳伸身○嗔瞋○洵峋恂詢荀○呑○暾○諄迍○逡踆○根跟○欣忻昕○氳熅○真珍振甄○新薪辛○賓濱鑌彬○坤髡○君麕軍皸均鈞○榛臻○莘詵○薰醺勳曛燻○鯤鵾裩昆○温瘟○孫飧蓀猻○尊樽○敦墩礅○奔賁犇○巾斤筋○村○親○遵○恩○噴○哏○津

陽

隣燐鱗磷麟粼轔○貧瀕頻蘋顰嚬○民珉

緡旻○人仁○倫綸掄輪淪○裙羣○勤懃
芹○門捫○論崘○文紋聞蚊○銀誾齦垠
寅夤嚚鄞○盆湓○陳臣塵娠辰晨宸○秦
蓁○脣純蓴淳醇錞鶉○巡旬馴循○雲芸
云紜耘勻員伍員人名筠○墳焚棼○魂渾○豚
屯飩臀○神○存蹲○痕○級

上聲

軫疹診稹○肯懇墾齦○緊謹槿卺瑾○隱
引蚓尹○閔憫混愍敏○准準○刎吻○筍
隼○允殞隕狁○本畚○閫壼𡂀悃○窘囷
○哂蜃○牝品○狠○笨○忍○盾○撙○
損○蠢○忖○粉○穩○袞○瞬○儘

去聲

震陣振賑鎮○信訊迅贐燼○刄訒仞認○
吝恪藺磷○髩鬢殯臏○腎慎○醖愠運藴惲
暈韻○盡晉進璡○忿分糞奮○近覲○櫬
齔○印孕○峻浚殉噀○遜巽○俊駿○舜
順○閏潤○問紊○頓囤鈍遁盾沌○悶懣
○潾僯○訓○郡○困○噴○釁○論○混
○寸○恨○嫩○褪○搵諢○趂疢

疏本韻爲侵尋之對、閉口侵尋、閉口真文、區在收音、又與庚青易混、庚青出字由鼻、真文出字不帶鼻音、區在出口、欲明此真文正音、應熟記出字勿帶鼻音收音必用抵齶、韻字七音皆備根肯困之類、音皆宮真軫震之類、音皆商、君緊近之類、音皆角、津筍進之類音皆徵、因引孕之類、音皆羽、賓本鬢之類、音皆變宮、敦頓之類、音皆變徵、韵中齶音喉音字如根斤昆鈞恩因温氳之屬、若吐字正確則於開齊撮合之分、不難領悟

寒山

平聲

陰

山刪潸○丹單殫鄲簞○干竿肝玕乾○安鞍○姦奸間艱菅○刋看○關綸鰥擐○櫰拴○斑班般扳頒○彎灣○灘攤○番蕃翻

餐下俗缺據舊本補許干切

轓旛藩反○珊跚○攀○慳○赸○餐○鼾

○殷

陽

寒邯韓汗翰○闌蘭欄瀾欄攔○還環鬟寰

闤圜鐶○殘戔○閑鷳癇○壇檀彈○煩蘩

膰礬蠜帆樊凢○難○蠻○顏○潺○頑○

上聲

反返坂○散傘繖○晚挽○板鈑○簡揀○

產鏟剗○癉亶○赶稈簳○坦袒○罕○侃

○懶○趲○綰○赧○盞琖○眼

去聲

旱悍銲漢翰瀚汗鼾骭○旦誕嘽彈憚但○

萬蔓曼○嘆炭○案按岸犴旰閈喭○幹榦

○粲燦璨○棧綻組○盼襻○譔饌○渲灊
○慢嫚謾○慣丱擐○賛讚濽瓚酇○患幻
宦檈豢○閒澗諫覵○訕疝汕○辦辮扮絆
○飯販畈範泛范犯○限閬莧○鴈贗晏鷃
○看○爛○篡○散○難○腕

［疏］本韻出字由喉、收音抵顎、出。字。若。喉。有。遮。攔、便。混。桓。歡、出。喉。若。涉。舌。端。便。混。先。天、北地土音易有此失、韻內干侃幹之類、音皆宮、山盞訕之類、音皆商、奸簡澗之類、音皆角、餐趲賛之類、音皆徵、殷衣安切眼以趕切鴈赤汗切之類、音皆羽、班板絆之類、音皆變宮、丹癉誕、之類音皆變徵、七聲固具備也、韻內盞山疝之屬必須抵齶帶穿牙方不與趲跚散之屬相混、

本韻穿牙字、均宜開口呼方得正確若不開口則將讀奸若堅、讀間若尖、吳地方音、對此最為明晰、元曲中寒山先天錯韻、若以吳音讀之、先天韻字、自不期然而有別矣、

桓歡

平聲

陰

官冠棺觀〇搬般〇歡讙驩貛獾〇潘拚〇

端耑〇剜豌蜿〇酸狻〇寬〇鑽〇湍〇攛

陽

鸞鑾巒欒灤圞〇瞞謾縵漫鞔饅𩅿鏝〇桓

〇丸刓蚖綄紈完貛岏〇團摶漙慱〇盤

槃瘢磐[illegible]般盤鞶媻磻蟠胖弁幋○攢欑

上聲

館管痯琯脘○纂纘欑酇○欵○盥澣○滿

懣○暖餪○椀○疃○卵○短

去聲

喚換煥渙緩逭奐○翫玩腕惋○鏝慢漫墁

○竄爨攛躥○斷鍛段○筭蒜○判拚○貫

冠觀灌祼鑵鸛○半伴泮沜畔絆○鑽○亂

○彖○愞

〔疏〕本韻皆合口呼、出字口吐若丸、收音抵齶、設出口無遮攔、便與寒山相混、韻內歡椀煥之類、音皆宮、攛（粗剜切本去聲）纂（粗椀切）竄之類、音皆徵、般滿半之類、音皆變宮、端暖斷之類、音皆變徵、商角羽三聲固缺如也、今人讀端湍般潘酸團瞞攢鸞以得咸百拍則測特白墨賊勒等字、期取輕揚、出音歸韻、輒借剜丸切作開口讀寰乖正軌、至搬潘攀瞞盤諸字、又必吐口若丸、不然、將誤為班攀蠻辦讀作平而入寒山、蓋彼此收音既同、僅出口相異耳、

先天

平聲

陰

先仙躚鮮○煎湔箋韉濺籛○堅肩甄○顛

癲巔○鵑涓娟蠲○邊籩蝙鞭鯿○喧暄萱
塤諠○氈鱣饘邅旃栴○羶扇煽○專磚
○千阡芊遷韆○軒掀杴○烟燕胭咽嫣○
搴愆褰騫○篇扁蹁偏翩○淵冤宛鵷鴛蜿
○痊詮筌銓悛朘荃○宣揎瑄○川穿○圈
○天○鐫

陽

連蓮憐○眠綿○然燃○廛躔纏禪蟬○前
錢○田畋闐填鈿○賢絃弦舷懸○玄○延
筵綖埏蜒緣妍言研焉沿○乾虔○元黿圓
員捐園圜袁猿轅原嫄源垣鉛鳶湲援○全
泉○旋還璇○船傳椽○拳顴權鬈卷○胼駢
軿便○聯攣○年○涎

上聲

遠阮苑晼○兗偃演堰衍鼴○卷捲○鮮跣洗銑毨筅獮蘚癬○腆殄沴○蹇謇藟筧梘[illegible]○剪翦○撚輾碾齴○輦璉○臠孌○囀轉○貶扁匾艑緶○沔湎黽免冕勉俛眄○喘舛○闡蕆○典○顯○犬○淺○展○遣○吮○軟○選○論

去聲

院願愿怨遠援○勸券○見建健絹件○獻現憲縣○韗眩絢○電殿甸佃鈿填闐靛奠○硯燕嚥讌諺堰緣掾宴彥喭嬿○眷倦圈綣絹狷罥○面麪○片騙○變便遍徧辨辯卞汴弁○線羨霰○釧穿串○扇善煽繕禪

鐥擅墠單○箭薦煎賤濺餞踐俴○鏇選旋漩○傳囀轉篆○戰顫纏○譴牽○練煉楝○戀

〔疏〕本韻出字舌端、收音抵齶舒音出。字。若。不。用。舌。端。易。混。寒。山。韻內獨缺宮聲、氈知煙切囀戰之類、音皆商、堅撚你衍切見之類、音皆角、煎翦箭之類、音皆徵、煙究燕之類、音皆羽、邊貶變之類、音皆變宮、天腆電之類、音皆變徵、其專痊喘轉之屬、撮口呼之、自不與寒山歡桓韻相亂、昔賢有主先天歡桓不分者、蓋泥於撮口抵舌之辨也、若一律以煙字歸韻、則先天本音固不難明矣、

蕭豪

平聲

陰

蕭簫瀟蟰蠨綃消銷宵霄硝蛸痟魈翛○刁貂琱彫鵰凋○梟鴞嚻枵驍歊○梢捎弰筲旓髾鞘颵○嬌驕○蕉焦椒樵膲○標膘腰幖杓飈○交蛟咬郊茭鮫膠教○包胞苞○嘲抓啁○高篙膏羔糕橰皋櫜鼛○刀叨舠魛○騷搔艘臊繅颾○遭糟○鏖鏕熝○昭招朝○邀夭訞幺喓腰妖要葽○飄漂○抛

中原音韻

胞脬○條掏饕叨滔韜慆○趫橇○哮虓烋
嗃詨○敲磽○杪譟○坳凹○蒿薅○燒○
褒○挑○超○鍬○操
陽
豪毫號濠嘷○寮遼僚鷯憀聊○饒嬈蕘○
苗描緢○毛芼旄茅蝥猫髦○猱獶鐃呶憹
撓譊○牢勞轑澇醪撈○迢髫蜩調條佻跳
○潮朝韶鼂○遥摇謡瑶飖窰堯陶姚嶢○
樵瞧譙○鼇鼇聱嗷厫敖璈聱獒鷔顤遨熬謷
○喬蕎橋僑翹○爻肴淆殽○袍炮跑鞄匏
咆庖○桃逃咷鞀陶萄綯匋淘濤檮○曹漕
槽嘈螬○瓢漂○巢漅
入聲作平聲

濁濯鐲擢○鐸度踱○薄箔泊愽○學鷽○縛○鶴涸○鑿○鑊○著○芍杓

上聲

小篠謏○皎繳蟜橋○梟鳥嫋褭○了瞭燎蓼○杳夭妖舀○遶繞嬈擾○眇渺杪藐淼○悄愀○寶保堡褓葆○卯昴○狡攪鉸姣筊絞○老栳獠潦橑橑○腦惱碯瑙○掃嫂○殍○僄剽勦○早棗澡藻蚤璪○倒島擣禱○杲槀縞鎬鄗槁○襖懊媼○考栲○挑窕○沼○少○表○巧○曉○飽○爪○炒○討○草○好○撓○皦○稍○剖○缶

入聲作上聲

角覺脚桷○捉卓琢○斫酌繳灼○爍鑠[illegible]

○𩀉雀趞○託拓橐魄飥柝○縤索摉○郭廓○朔稍○剝駁○爵○削○柞作鑿○錯逪○閣各○壑熇○綽婥○謔○戳槲

去聲

笑嘯肖鞘○耀眺跳○釣弔窵調掉○豹爆瀑○抱報暴鮑鞄袍○竈皂造漕慥躁○料鐐廖寮療○傲奡鏊○趙兆照旐詔召肇○少紹邵燒○號皓好昊皞耗浩顥灝○道翿纛燾盜導悼蹈稻到倒○曜耀鸐要鷂○叫轎嶠○醮噍○糙操造慥○俏峭誚○俵鰾驃○孝效傚校○窖校教覺珓鉸較酵徼○罩笊棹○拗靿樂凹○貌冐帽耄眊茂○砲泡○告誥郜○澇勞嫪○噪燥譟掃○妙廟

末一字本作「覆」查韻書無以覆字入本韻者待考

○鬧淖○奥懊澳○鈔○竅○溺○哨○覆

入聲作去聲

岳樂藥約躍鑰瀹○掿諾○末幕漠寞莫沫○落絡烙洛酪樂珞○萼鶚鰐惡愕○弱蒻箸○略掠○虐瘧

〔疏〕本韻出字開口清高，收音若嗚，七音皆備，高杲告之類，音皆宮，昭沼照之類，音皆商，嬌狡叫之類，音皆角，蕭小笑之類，音皆徵，邀杳孝之類，音皆羽，標表俵必要切，上聲同之類，音皆變宮，刁老釣之類，音皆變徵，韻內抄哨巢梢炒之屬，必須穿牙，方有別於操噪曹騷箏字呼法。廣韻以蕭宵作齊齒音即穿牙音，豪作開口音

以肴之齊齒兼開口音介其間條理分明宜參玩也

歌戈

平聲

陰

歌哥柯牁○科蝌窠○軻珂○戈過鍋○莎簑唆睃梭娑挲○磋瑳蹉瘥艖槎○他拖佗訑○阿痾○窩渦倭踒○坡頗○波玻嶓番

陽

○呵訶○多○麼

羅蘿蘿儸囉鑼螺騾邏欏蠡鏍○摩磨魔劘
麼○挪那挼儺○禾和○何河荷苛菏○駝
紽陀迱跎舵酡沱鼉馱○矬莝○睋蛾娥峨
峩騀俄○婆皤鄱膰○訛鈋

入聲作平聲

合盒鶴盍○跋魃○縛佛○活鑊○薄箔勃
泊渤○鐸度○濁濯鐲○學○鑿○奪○著
○杓

上聲

鎖瑣䴹○果裹蜾○裸蠃攞夥儸○舸哿○
朵趓軃跢鬌○娜那○荷歌○可坷軻○頗
叵○婀○跛簸○我○左○妥○火○顆○
嬷○脞

入聲作上聲

葛割鴿閤蛤○鉢撥跋○潑粕鏺○聒括○

渴磕○濶○撮○掇○脫○抹

去聲

賀荷檟○佐左坐座○舵墮髻惰剁垛大馱

癉○銼挫剉莝磋○禍貨和○邏囉摞○簸

播譒○磨麽○卧涴○糯懦那柰○箇个○

餓○些○過○課○唾○破○嗑

入聲作去聲

岳樂樂約躍鑰○幕末沫莫寞○諾搭○若

弱蒻○落洛絡酪樂烙○萼鶚鰐惡堊鄂○

略掠○虐瘧

〔疏〕本韻出字開口直出為主、收音輕收若嗚最易與魚模相混區別所在、魚韻半合模韻滿合、而本韻啟口或撮或不撮、魚模口不半合或不滿合、便誤歌戈、故昔賢論此韻有開口枯模之説、歌應讀作高阿切撮口而半開戈應讀作瓜窩切口不用撮惟無論撮與不撮在啟口直出中若細加辨析實仍自具其開合之異歌左搓婆、皆開口也、戈火窩羅開而後合也開口之字、出音每近蕭豪合口之字、出音每近家麻此歌戈魚模家麻三韻又常為明人傳奇中所糾纏而不清者、本韻平無角上無商去則並缺商角歌可箇之類音皆宮莎蓑唆之類音皆商朵躲妥之類音皆角娑左佐之類、音皆徵阿火貨之類、音皆羽、波頗破之類、音皆變宮多娜唾之類音皆變徵、吳下土音、多誤入魚模、中原官音較得其正、惟如歌戈不分、珂科同呼之類、仍所不免欲求精確、惟賴就開口直出中更細辨其開合、之勢而已

家麻

平聲

陰

家加跏珈笳枷袈迦痂葭猳麚佳嘉○巴疤

笆豝芭○蛙洼窪哇媧蝸○沙砂紗鯊裟○

查楂蹅吒○撾抓髽○鴉丫呀○叉杈靫差

艖鎈○誇夸○蝦○葩○花○瓜

陽

麻蟆痲摩○譁划華驊○牙芽枒涯徛[宀亞]○

霞遐瑕○琶杷爬○茶槎搽○拏○咱

入聲作平聲

達韃踏沓○滑猾○狎轄鎋俠峽陜匣袷○

乏伐筏罰○拔○雜○閘

上聲

俗刻僅殘存馬媽啞寡四字兹據舊本補訂

中原音韻正

馬媽○雅啞○傻○把○下○假斝○寡○瓦○灑耍○鮓○苴○那○賈○喏○打

入聲作上聲

塔獺榻塌○殺霎○劄扎○哑匝○察插鍤○法發髮○甲胛夾○答搭嗒踏○颯撒薩靸○笈○刮○瞎○八○恰掐

去聲

駕嫁稼價架假○凹窊○跨胯髁○亞迓訝砑婭○汊咤姹詫靤 醜釋 ○帕怕○詐乍榨榨○下芐夏嚇罅暇廈○化畫華鱯○話○那罷霸灞靶壩鈀弝○卦掛○厒 屋傍 ○大○駡

入聲作去聲

臘蠟鑞拉糲辣○納衲○壓押鴨○抹○襪

〇刷

[疏]本韻出字啟口張牙、收音作哀巴切秣陵土音、或合或撮、遂混歌戈、弋陽調中非時下弋陽梆腔讀蕭豪中字、又混本韻是收音未知入輔之故、本韻上去俱無徵、上亦無商角及變徵沈苑賓列雅啞下兮那切去聲同諸字為羽、實準南音、北音上聲字固無正羽也、自絃索以中徵六均、應琵琶四徵之三攝、在四合間住聲、間以抑角揚徵琵琶調原去徵不用而引「上」以近羽、遂誤為北音上亦有羽、實係輕羽度聲、稍過代變徵用耳、瓜寡卦之類音皆宮、沙詐之類音皆商、家駕之類、音皆角、荼搽槎之類、音皆徵、嫣

馬霸之類、音皆變宮、拏大之類、音皆變徵、韵内頗雜俚俗咱嗏嘛等字、並為正韵所弗取、蓋古本無家麻之音、或呼若魚模、或呼作歌戈、家讀若孤、牙讀若吾、巴讀若逋、他讀若拖、自兩晉以後、胡音雜入、而天竺梵音、翻入内典、新音日繁、乃成今韵、雅俗雜列、亦勢使然、入聲借叶呼音、更參錯不一、董西廂間有觧入聲藥部字叶入此韵者、如渥叶啞、剝叶把之類、猶見當時就口借叶之風、挺齋作中原音韵後、引俗就雅、雖難字字依古、終杜俚叶之岐、夫詩三百難絶鄭衛、抗心希古、衡情存俗、前輩用心、亦云至矣

車遮

平聲

陰

嗟罝○奢賒○車○遮○爹○靴○些

陽

爺耶琊鎁呆○斜邪○蛇佘○俫○瘸

入聲作平聲

協穴俠挾纈○傑竭碣○疊迭牒楪喋諜垤

絰凸蝶跌○蹶撅○折舌涉○捷截睫○別

○絶○[illegible]

上聲

野也冶○者赭○寫瀉○捨舍○惹若喏○

撦哆○姐○且

入聲作上聲

屑薛紲泄媟爇爇屧疶○切竊妾沏○結

劫頰鋏莢○怯挈篋客○節接楫癤○血歇

嚇蠍○闕鈌闋○玦決訣譎蕨鴂○鐵飻帖

貼○瞥撇○鼈別憋○拙輟○轍撤澈掣○

哲褶摺折浙○設攝灄○啜○雪○說

去聲

舍社射麝貰赦○謝卸榭瀉○夜射○柘鷓

炙簇○借藉○趄○偌

入聲作去聲

揑聶躡鑷囓臬櫱○滅篾蔑○拽噎謁葉燁

○業鄴額○劣衩冽獵鬣列○月悅說閱軏越

鉞樾蠘刖○熱○爇○劣

〔疏〕本韻係半分家麻中字、又別析歌戈中字合成此部、純便絃索而設、非挺齋故立異而違制、與家麻分析處、出字口略開、收音則直出不收、以應絃索之輕泛、若應家麻歌戈則須重泛、故不得不從家麻歌戈中別析一部（車遮本家麻之輕泛 伽迦本歌戈之輕泛）平上去均無宮上去無角無變徵平去又無變宮若車若者若社皆商也、若瘸則角也若嗟若姐若借、則徵也、若靴若也若夜皆羽也若野則變宮也（野南音作羽）若爹又變徵矣、吳人混與家麻同呼、讀車若差、讀遮若渣、明人製北詞、往往車遮家麻無別、誤於方音、實不足訓

庚青

平聲

陰

京麖庚鶊賡更粳羹畊驚荊經兢矜涇○精睛晶旌鶄菁○生甥笙牲猩○箏争○丁釘玎仃○扃坰○征正貞禎徵蒸烝○冰兵竮○登簦璒甑燈○轟薨○憎曾矰罾增○鐺錚猙琤撐瞠○稱秤赬檉蟶○英瑛膺鷹應譍攖嬰嚶膺鸚纓瓔縈○輕坑卿誙硜輕傾鏗○馨興○青清鯖○聲升勝昇陞○汀廳聽鞓鞓○星醒惺鯹腥騂○崩繃○觥肱○甍○僧○亨○兄○泓○烹

陽

平評萍枰憑馮任凭屏瓶俜娉○明盟鵬名銘
鳴冥溟暝螟蓂○靈欞醽麢零苓伶聆鈴
齡蛉泠瓴翎鴒陵淩菱綾凌○鵬朋棚○楞
稜○層曾○能獰○藤縢騰䲢謄疼○莖恒
○盈贏攍瀛瑩螢營迎蠅凝嬴○檠擎鯨黥
勍○行形刑邢桁衡鉶珩硎○情睛晴繒○
亭停婷廷庭蜓霆○瓊煢惸○澄呈程酲成
城宬誠盛承丞懲乘塍○熒瞢○盲氓甍萌
○橫宏紘閎嶸鋐弘○橙棖棠○榮○寧○
仍○繩○餳

上聲

景儆璟擻骾鯁綆梗警境頸耿哽○頃檾○

丙炳邴秉餅屛○惺醒省瘖○影郢穎癭○省眚○礦鑛懭○惘罔○艋蜢○整拯○茗皿酩○騁逞○領嶺○鼎酊頂○艇挺誔町奵○冷○井○請○等○永○涬

去聲

敬徑俓經鏡獍竟競勁更○暎應譍凝硬○慶罄磬謦罄○命暝○鄧凳嶝隥鐙磴○迥詗敻○清請○諍挣○正政鄭證○詠瑩○病並柄倂○令淩○聖賸勝乘剩盛○性姓○娉聘○佞濘寧○淨靜穽甑靖凊圊○杏幸倖脛興行○稱秤○定錠矴釘訂飣○贈○聽○迸○孟○橫○撐○亘

〔疏〕本韻爲正鼻音字音全入鼻中與真文易混區別處、庚青出字由鼻收音入鼻、真。文。出。字。不。帶。鼻。音。收。字。舐。舌。舒。音。故呼庚青韻須於字音乍吐時即將本音透入鼻中迨收音時復入於鼻而切忌合口方不與真文侵尋相亂七音皆備觥礦古䈴切又去聲橫活稜切平聲異之類音皆宮征整正之類音皆商京景敬之類音皆角精井清之類音皆徵英影應之類音皆羽冰丙迸之類音皆變宮登等定之類音皆變徵、弋陽方音讀棚如旁、讀盲如茫弋陽梆子中如高陽調鈕絲腔、四平及徽梆子之類又將韻內撮口如肱轟等字均讀作東鍾韻俱非正軌不容沿誤、至明人傳奇中庚青真

文侵尋三韻雜用無論南北並屬大忌惟北音讀朋橫傾等字入東鍾在絃索中雖差可應中徵重泛然入管聲仍不叶也

尤侯

平聲

陰

啾揫湫○鳩鬮○搜颼○鄒諏鯫陬騶緅○
休咻貅庥○謳鷗漚甌歐區○鉤勾篝溝韝
緱○兜篼○秋鰍鞧揪鍫鶖○憂幽優耰麀
○脩修羞饈○抽瘳○周賙啁週洲州舟輈
○丘坵○偷媮鍮○篘搊○溲鎪餿○彪○
收○齁○摳

陽

尤蚰疣訧遊游蝣由油郵牛酭猷蕕輶猶繇
蕕楢悠攸○侯猴喉餱篌○劉留遛瘤榴鷚
騮流旒○柔揉鍒蹂鞣○抔裒○繆矛眸鍪
蟊牟麰侔○樓婁艛樓體慺○囚泅○紬稠

綢犨雠酬籌壽儔躊疇惆○求賕銶毬逑球俅

仇樛裘虬○酋遒○頭投骰○愁

入聲作平聲

軸逐○熟

上聲

有酉牖羑友誘莠黝○柳○飀○杻狃紐鈕

忸○丑醜○九韭久玖糾灸疚○首手守○

叟瞍藪○斗枓蚪陡抖○狗垢茍○枸○藕

耦偶嘔毆○摟嶁簍○肘箒酎○朽○酒○

扭○剖○吼○走○否○揉○口○傷○瞅

入聲作上聲

竹燭粥○宿

去聲

又右佑祐狖宥柚幼囿侑○晝咒冑紂宙籀咮○臼舅舊咎救柩廄究○受授綬壽獸首售狩○秀岫袖綉琇宿○嗽漱○皺驟○溜霤留餾鎦廇瀏窌○扣寇蔻○后逅候堠後厚○就鷲鷲○豆脰竇竇鬭逗○構遘媾購姤縠詬勾○湊輳愁○漏陋鏤瘻○謬繆○臭○嗅○瘦○懋○耨○奏○透○貿懋

入聲作去聲

肉褥○六

〔疏〕本韻出字由喉收音若嗚，七音皆備。鉤茍構之類音皆宮，周附晝之類音皆商，鳩九救之類音皆角，啾走湊之類音皆徵，憂嫠幼之類類音皆羽、彪篦切攸剖謬之類音皆變宮兜斗透之類音皆變徵、韵內開口與上開下齊之字、最須、分清、收歛奏之屬、皆開口而一不齊齒也、若上開下齊便與搜瘦皺之屬無別矣

侵尋

平聲

陰

針斟箴砧椹鱵瑊○金今衿襟禁○駸綅浸

祲○深蒎○簪鐕○森槮參○琛瞫郴○音
瘖陰喑○心杺○欽衾嶔○侵○歆

陽

林淋琳痳霖臨箖痳○壬任紝鵀○尋潯鱘
鐔燖鬵○唫淫崟婬霪蟫○琴芩禽檎擒噙
○岑鵀鈂涔霽○沉霃鈂湛○忱煁

上聲

廩懍凜○稔餘淰衽荏○審嬸沈瞫○錦噤
○磣墋瘮○枕○歙○您○怎○寑

去聲

朕沈鴆枕○甚黮○任衽紝姙○禁噤澿矜
○蔭癊窨飲恁○沁伈○浸祲○臨淋○滲
罧○讖○譖○賃○啉○唔

本韻即真文之閉口、出字齊齒、收音閉口。。。全韻無宮及變宮、針稔譖之類、音皆商、金錦禁之類、音皆角、侵寢沁之類、音皆徵、音飲蔭之類、音皆羽、林廩臨（立恁切喪哭也平聲異）之類、音皆變徵、齊齒清出而聲陰、閉口濁收而轉陽、為半陰陽字、所栝六音、皆徵絃之二攝有半、難應純音、故在韻惟獨用、在絃為么吟、而換頭接三應二之制所由作（四換係十三調中之繼製）也、韻內如簪岑森等字出字雖略兼開口仍係將齒頭音作正齒音呼耳、更宜辨之、

監咸

平聲

陰

菴庵鵪醃唵諳○擔聃儋耽湛酖眈○監緘椷○堪龕戡弇○三鬖毿○甘柑疳泔○杉衫○貪探○叅驂○憨酣○簪篸[illegible]鐕○嵌○鵮○詀嚵○渰○攙

陽

南諵喃楠男○咸醎諴函銜啣○婪爁燣藍籃嵐○覃潭談餤譚燂蕁曇痰○蠶慚○含涵邯○讒毚饞鑱劖巉○巖岩○

上聲

感鱤撼敢○覽攬欖爦○膽磛紞○慘黲

揞晻黭○喊獫○毯禫倓萏窞○減鹻○坎
○砍○昝歁○俺○糝○黯○斬○暔

去聲

勘磡○顑淦紺○憾撼頷琀莟唅○淡啖憺
揞○轞檻艦餡陷○濫醶纜䰐○瞰嵌闞○
蘸站賺湛○鑑監○暫鏨蹔揝○暗闇○三
○探○渰○慘○懴

〔疏〕本韻出字收音即寒山之閉口出字喉有。。。。
遮攔、先合。。。。。。、開後
後開收音復入合口再合甘感勘之類、
音皆宮、杉斬懴之類、音皆商監減鑑之類、音
皆角簪昝三塞暗切三復也平聲異之類、音皆徵渰衣庵切平
聲異又答庵切任
喊艦之類音皆羽、揞也去聲異胆揞
上聲

啟暗切所負之類音皆變徵而變宮獨無
也平聲異
此韻若不閉口便與寒山無別

廉纖

平聲

陰

瞻詹占粘沾霑○兼縑鶼鰜○淹腌醃稽閹
猒懕猒○纖銛憸暹孅○僉槧籤○襜韂覘○
杴忺○尖漸殲○掂○苫○謙○添

釅下俗缺據舊本補訂

末一字俗缺據舊印本補訂

陽

廉簾臁奩帘○鮎黏拈○撏燖○鈐鉗黔○蟾儋○鹽炎閻簷巖○甜恬○髯○潛○嫌

上聲

掩魘靨埯奄𨂺崦琰剡○檢鎌臉○斂臉○染苒冉○閃陝○忝舔○險譣○颭○點○諂

去聲

豔焰厭饜驗灩釅䶣○贍苫○欠芡歉○玷店坫墊○瀲斂殮○念艌○劍儉○僭漸○塹茜𡝫○染○占○𨆪

〔疏〕本韻出字收音即先天之閉口　占知淹切視卜也

去聲異颭占哲厭切也平聲異擅據之類、音皆商、兼檢劍之類、音皆角、纖掩僭之類、音皆徵、淹、琰蟻切淰厭之類、音皆羽、掂點玷之類、音皆變徵、宮及變宮則皆無韵中各字祇作齊齒呼、尤重合口收、異音每混先天、即誤於敛而不合也

中原音韵講疏終

弟子郁元英恭校

青原蕭存存博學工於文詞每病今之樂府有遵音調作者有增襯字作者有陽春白雪集德勝令花影壓重簷沉烟裊繡簾人去青鸞杳春嬌酒病懨眉尖常瑣傷春怨忺忺忺的來不待忺繡唱爲羞與怨字同押者有同集殿前歡白雪窩二段俱八句白字不能歌者有板行逢雙不對襯字尤多文律俱謬而指時賢作者有韻脚用平上去不一一云也唱得者有句中用入聲不能歌者有歌其字音非其字者令人無所守泰定甲子存存托友張漢英以其說問作詞之法於予予曰言語一科欲作樂府必正言語欲正言

語必宗中原之音樂府之盛之備之難莫如今時其盛則自搢紳及閭閻歌詠者衆其備則自關鄭白馬一新製作韻共守自然之音字能通天下之語字暢語俊韻促音調觀其所述曰忠曰孝有補於世其難則有六字三韻忽聽一聲猛驚是也諸公已矣後學莫及何也蓋其不悟聲分平仄字別陰陽夫聲分平仄者謂無入聲以入聲派入平上去三聲也作平者最為緊切施之句中不可不謹派入三聲者廣其韻耳有才者本韻自足矣字別陰陽者陰陽字平聲有之上去俱無上去各止一聲平聲獨有二聲有上平聲有下平

聲上平聲非指一東至二十八山而言下平聲非指一先至二十七咸而言前輩為廣韻平聲多分為上下卷非分其音也殊不知平聲字字俱有上平下平之分但有有音無字之别非一東至山皆上平一先至咸皆下平聲也如　　二字之類　　字下平聲屬陰　　字上平聲屬陽陰者即下平聲陽者即上平聲試以　　字調平仄又以　　字調平仄便可知平聲陰陽字音又可知上去二聲各止一聲俱無陰陽之别矣且上去二聲施於句中施於韻脚無用陰陽惟慢詞中僅可曳其聲爾此自然之理也妙處在此初學者何由知之乃作

詞之膏肓用字之骨髓皆不傳之妙獨予知之屢嘗揣其聲病於桃花扇影而得之也吁考其詞音者人人能之究其詞之平仄陰陽者則無有也彼之能遵音調而有協音俊語可與前輩頡頏所謂成文章曰樂府也不遵而增襯字名樂府者自名之也德勝令繡字慇字殿前歡八句白字者若以繡字是珠字誤刊則烟字唱作去聲為沉宴裊珠箔簾皆非也呵呵恢恢者何等語句未聞有如此平仄如此開合韻脚德勝令亦未聞有八句殿前歡此自己字之開合平仄句之對偶短長俱不知而又妄編他人之語矣足以知其妍媸歟嗚呼言語可不究乎以板

行謬語而指時賢作者皆自為之詞將正其己之是影其己之非務取媚於市井之徒不求知於高明之士能一不受其惑者幾人哉使真時賢所作亦不足為法取之者之罪非公器也韻脚用三聲何者為是一不思前輩某字某韻必用某聲却云也唱得乃文過之詞非作者之言也平而仄仄而平上去而去上去上而上去者謬云鈕折嗓子是也其如歌姬之喉咽何入聲於句中不能歌者不知入聲作平聲也歌其字音非其字者合用陰而陽陽而陰也此皆用盡自己心徒快一時意不能傳久深可哂哉深可憐哉惜無有以訓之者予其欲為訂砭之文以正其語

便其作而使成樂府恐起爭端矧為人之學乎因重張之請遂分平聲陰陽及撮其三聲同音兼以入聲派入三聲如鞞字次本聲後葺成一帙分為十九名之曰中原音韻并起例以遺之可與識者道是秋九日高安挺齋周德清自序